A
W0087451

Anna König & Holger Wenzl

MAMPF
Ein Jahr, ein Paar, ein Topf

Atlantik

*Atlantik Bücher erscheinen im
Hoffmann und Campe Verlag, Hamburg.*

1. Auflage 2016
Copyright © 2016 by Hoffmann und Campe Verlag, Hamburg
www.hoca.de   www.atlantik-verlag.de
Druck und Bindung: C. H. Beck, Nördlingen
Printed in Germany
ISBN 978-3-455-37820-7

HOFFMANN
UND CAMPE

Ein Unternehmen der
GANSKE VERLAGSGRUPPE

»Nur eine kunterbunte Welt ist eine gute Welt.«
fritze-fratzuianische Weisheit

VEGAN

 VEGETARISCH

 FLEISCH

 FISCH & MEERESFRÜCHTE

 GLUTENFREI (Bitte IMMER die Inhaltsliste auf den Produkten genau anschauen, besonders bei Soja- und Fischsauce darauf achten, dass sie als glutenfrei deklariert sind.)

 AUSTRALIEN

 CHINA

 DEUTSCHLAND

 FRANKREICH

 FRITZE-FRATZE-LAND

 GRIECHENLAND

 GROSSBRITANNIEN

 INDIEN

 IRAN

 ISRAEL

 ITALIEN

 JAPAN

 LIBANON

 MEXIKO

 MAROKKO

 PERU

 SPANIEN

 SCHWEDEN

 SCHWEIZ

 SÜDKOREA

 THAILAND

 USA

VIETNAM

INHALT

FREILANDWARE GROSSES ANGEBOT:
Chicorée, Feldsalat, Grünkohl

FREILANDWARE GERINGES ANGEBOT:
Chinakohl, Endivie, Lauch, Rosenkohl, Wirsing

LAGERWARE:
Äpfel, Kartoffeln, Kürbis, Karotten, Pastinaken, Rote Bete, Rotkohl,
Schwarzwurzeln, Sellerieknollen, Weißkohl, Spitzkohl, Zwiebeln

Brot mit Guacamole, Lachs, Rührei & Kater-Saft

Die ultimative Rote Linsensuppe

Pasta mit Kalmar, Tomaten & Salbei

Tarte Tatin à la Fratze für Fratze

Grünkohl mit Kernmix & Feta

Super-Saft

Easy-Peasy-Granola-Bars

Linsen mit Grünkohl & Co

Wirsingrouladen

Die ultimativen Dumplings

JANUAR

1. JANUAR

FRATZE

06:00 Uhr *Konfetti im Haar, wer ist der Mann neben mir? Hui. Mein Kopf knallt. Wo bin ich? Wurde ich überfallen? ERDE AN FRATZE!*

09:00 Uhr *Immer noch Konfetti im Haar, zum Kopfweh hat sich jetzt noch Übelkeit dazugesellt. Aber den Mann neben mir erkenne ich nun. Es ist Fritze, mit dem ich seit 8 Jahren zusammen bin und seit exakt einem Monat in London zusammenlebe.*

12:00 Uhr *Fritze ist inzwischen auch wach und verspürt dank Dauergeschlafes keine Kater-Symptome. Dass ich ihn nicht erkannt habe, sag ich mal nicht.*

12:30 Uhr *Ich rieche Kaffee, ich höre Geklapper. Das erste Bettfrühstück des neuen Jahres kann kommen.*

13:00 Uhr *Ich warte immer noch auf mein Bettfrühstück. Entweder backt der Fritze die Brötchen gerade noch selbst, oder die Nacht hat doch ihren Tribut gefordert.*

13:14 Uhr *Es ist da. Es ist köstlich. HAPPY NEW YEAR, friends!*

Brot mit Guacamole, Lachs & Rührei

FÜR 2 PERSONEN

2 Scheiben Bauernbrot, getoastet
3 Scheiben besten Räucherlachs

GUACAMOLE
1 reife Avocado, geschält & entkernt
1 EL frisch gepresster Zitronensaft
1 Messerspitze Cayennepfeffer
1 EL Olivenöl
1 Schalotte, geschält & fein gewürfelt
Meersalz

Avocado, Zitronensaft, Cayennepfeffer & Olivenöl mit einer Gabel zerdrücken und gut vermischen, Schalotten dazugeben und mit Meersalz würzen.

RÜHREI
3 Eier
1 Schuss Mineralwasser
1 Frühlingszwiebel, gewaschen & in feine Röllchen geschnitten
Olivenöl zum Anbraten
Meersalz & frisch gemahlener Pfeffer

Eier (ohne Schale) & Mineralwasser gut miteinander verquirlen, salzen & pfeffern. Eine Pfanne heiß werden lassen und die Eier bei mittlerer Hitze in die Pfanne geben, erst mal in Ruhe lassen und, sobald die Eier gestockt sind, mit einem Pfannenwender hin & her schieben. *Nicht rühren, sonst bekommt man ein Krümel-Ei.* Das Rührei ist perfekt, wenn es völlig gestockt, aber noch cremig ist.

Aus der Pfanne nehmen und Frühlingszwiebeln drüberstreuen.
Brot mit Guacamole bestreichen, den Lachs darauf verteilen, das Rührei auf die
Teller geben und ab in den Mund damit!

KATER-SAFT

FÜR 2 VERKATERTE MENSCHEN

**1 Grapefruit, 2 Äpfel, 2 Karotten, 3 Selleriestangen und ein daumengroßes Stück
Ingwer,** alles gut gewaschen, geschält (Grapefruit) & entkernt.

Rein in den Entsafter und fertig!

FRITZE & FRATZES TIPP: Es empfiehlt sich, den Saft ganz zum Schluss
zuzubereiten, damit die Vitamine nicht entfleuchen. Für diejenigen ohne Entsafter
empfehlen wir, noch etwas Wasser oder Kokosnusssaft dazuzugeben und sich
daraus einen Smoothie zu machen.

5. JANUAR

FRATZE

Muss man wirklich wieder anfangen zu arbeiten im neuen Jahr? Mir ist langweilig. Warum ist der Fritze arbeiten gegangen? Warum muss man überhaupt arbeiten? Ich will mich nicht anziehen. Es klingelt. Ich mache auf. Der Briefträger grinst. Ich täusche Halsweh vor, ich hüstle. Der Briefträger lächelt mitleidig. Entweder hat er meine Nummer langsam durchschaut, denn es ist nicht das erste Mal, dass ich ihm um 12 Uhr im Bademantel und mit zerzausten Haaren samt Hüstelei aufmache, oder er denkt, ich sei sterbenskrank. Egal. Mein Magen knurrt. Und weil es schon mittags ist, kann ich ja diese schmackofratzige, ultimative Linsensuppe von gestern gleich zum Frühmittag essen.

DIE ULTIMATIVE ROTE LINSENSUPPE

FÜR 6 PERSONEN

1 **Zwiebel**, geschält & gewürfelt
3 **Knoblauchzehen**, geschält & zerdrückt
4–5 cm **goßes Stück Ingwer**, geschält & fein gewürfelt
1–2 **grüne Chilischoten**, gewaschen, Stiele entfernt & fein gehackt (Menge und Kerne je nach Schärfewunsch)
1 **große Süßkartoffel**, geschält & gewürfelt
1 **große Kartoffel**, geschält & gewürfelt
3 **Karotten**, geschält & in 1 cm dicke Stücke geschnitten
400 g **rote Linsen**, gewaschen
1x **Dose Kokosnussmilch** (400 ml)
1,2 l **Gemüsebrühe**
1x **Dosentomaten** (400 g)
2 EL **Weißweinessig**
½ **Bund Koriander**, gewaschen & gehackt
Pflanzenöl zum Anbraten
Meersalz & frisch gemahlener Pfeffer

In einem Topf ein wenig Pflanzenöl heiß werden lassen, Zwiebel, Knoblauch, Ingwer und Chilis etwa 2 Minuten anschwitzen. Süßkartoffel, Kartoffel, Karotten und Linsen dazugeben und unter ständigem Rühren gülden braten. Kokosnussmilch, Gemüsebrühe, Dosentomaten & Weißweinessig beifügen und bei mittlerer Hitze zugedeckt 40 Minuten köcheln lassen. Mit Meersalz & Pfeffer abschmecken und mit Koriander bestreuen. EXPLOSION!

13. JANUAR

FRITZE & FRATZE

Oh Lord. Gestern, da war der Gott der Genialität bei uns zu Gast. In unserer kleinen Schuhschachtel in East London. Wir haben ihn gar nicht gehört, er muss sich reingeschlichen haben. Wohin er sich geschlichen hat, fragt ihr euch? In unsere Köpfe, of course. Daraus ist eine Pasta mit Kalmar, Tomaten & Salbei entstanden.

PASTA MIT KALMAR, TOMATEN & SALBEI

FÜR 2 PERSONEN

1 großer Kalmar/Tintenfisch, vom Fischhändler gesäubert, gewaschen, Körper in Ringe geschnitten & Arme etwas zerkleinert
2 Knoblauchzehen, geschält & in feine Scheiben geschnitten
12 Cocktailtomaten, gewaschen & halbiert
1 EL Aceto Balsamico
1–2 EL Butter
10 Salbeiblätter, gewaschen & abgetrocknet
250 g Pasta (zum Bsp. Linguine), nach Packungsanleitung al dente gekocht
Olivenöl zum Anbraten
Meersalz & frisch gemahlener Pfeffer

Olivenöl in einer Pfanne erhitzen und den Tintenfisch (Ringe & Arme) darin ca. 5 Minuten knusprig braten. Herausnehmen, etwas Olivenöl, Knoblauch & Cocktailtomaten in die selbige Pfanne geben und etwa 3 Minuten anbraten, mit Balsamicoessig ablöschen und die angebratenen Tintenfischringe dazugeben. *Nicht die Arme, die kommen obendrauf.* Butter in einer kleinen Pfanne bei geringer Hitze schmelzen und die Salbeiblätter dazugeben. Es dauert maximal 30 Sekunden, bis die Salbeiblätter knusprig sind. Die Pasta mit dem Tomaten-Tintenfisch-Gemisch vermengen, salzen & pfeffern. Auf Tellern anrichten, Krakenarme & Salbeiblätter drauflegen und mit der Butter beträufeln. FERTIG ist der Schmaus!

25. JANUAR

FRATZE
Mir sei ein großes Trullalaaa. Happy Birthday to me!

Liebe Fratze,

ich wünsche Dir von Herzen ein sensationelles Jahr. Arbeite nicht so hart, denn Du hast ganz recht: Arbeiten ist nur zweitrangig. Glück schöpft man aus etwas anderem. PROSIT!
Dann wünsche ich Dir Erfolg bei allem, was Du tust, ohne große Anstrengung. PROSIT!
Und damit verbunden ausreichend Geld. Du hast es so verdient. PROSIT!
Sei weiterhin unanständig, laut, wild, frech, chaotisch, fordernd, falle den Menschen ins Wort, habe zu allem eine Meinung, sei stolz und neugierig. Auf Dich, PROSIT!
Schön, dass es Dich gibt. Konfettiregen, Champagnerkorkengeknall und eine Riesentorte wünsche ich Dir!

Deine Fratze

PS: Habe mir auch gleich mal selbst 'ne Torte ... äh Tarte gebacken.

TARTE TATIN À LA FRATZE FÜR FRATZE

FÜR EINE FRATZE

TEIG
200 g Mehl
50 g Puderzucker
1 Prise Salz
100 g kalte Butter, in Stücke geschnitten
1 Eigelb
1 EL kaltes Wasser
Butter und Mehl für die Springform

Alle Zutaten in eine Schüssel geben, mit den Händen gut durchkneten, bis ein glatter Teig entstanden ist, und 30 Minuten in den Kühlschrank legen.

KARAMELL
75 g brauner Zucker
45 g Butter

ÄPFEL
Zesten von 1 Zitrone
5 kleine Äpfel, geschält, entkernt & geviertelt

In einer beschichteten Pfanne Zucker und Butter goldbraun karamellisieren. Eine Springform mit Butter einreiben und mit Mehl bestäuben. (Ja, richtig. Nach langem Tarte-Tatin-Backen und viel Heulerei haben wir geschummelt: Erst backen wir die Tarte Tatin in einer Springform, dann servieren wir sie umgedreht in einer Pfanne.) Den Karamell in die Springform geben, gut verteilen und etwas hart werden lassen. Die Zitronenzesten drüberstreuen und die Äpfel mit der geschälten Seite nach unten in Kreisform anordnen. Den Teig auf einer bemehlten Fläche ausrollen. *Etwa 2–3 cm größer als die Springform sollte der ausgerollte Teig sein.* Jetzt mit VIEL GEFÜHL über die Äpfel legen. Die Enden sollten die Äpfel umrunden. Bei 180 Grad im vorgeheizten Ofen etwa 20 Minuten backen. Abkühlen lassen und in eine Pfanne oder auf eine Platte stürzen.

ACHTUNG: Es endete damit, dass der Fritze den Teig ausrollen und über die Äpfel legen musste. Dieser Kuchen ist eher etwas für ruhige Gemüter. Aber die Geduld lohnt sich!

Alles in den Entsafter geben: FERTIG! Für die Menschen, die keinen Entsafter haben, ist das natürlich blöd.

FRITZE & FRATZES TIPP: Alle Zutaten in einem Mixer mit etwas Kokosnusssaft oder Wasser zu einem Smoothie pürieren.

Easy-peasy-granola-bars

FÜR ETWA 12 RIEGEL

90 g **Mandelmus**
110 g **Agavendicksaft**
120 g **Mandeln**, grob gehackt
150 g **Haferflocken**
50 g **Rosinen**
8 **Datteln**, zerkleinert & im Mörser zerstampft

Mandelmus und Agavendicksaft in einem kleinen Topf bei schwacher Hitze erwärmen, bis eine homogene Masse entstanden ist. Mandelmus-Agavendicksaftmasse, gehackte Mandeln, Haferflocken, Rosinen und Datteln gut miteinander vermischen. Die Masse in eine mit Backpapier ausgelegte Form füllen und glatt streichen. 20–30 Minuten in den Kühlschrank geben, in »Bars« schneiden und in den Mund stopfen.

FRITZE & FRATZES TIPP: Im Kühlschrank halten sie bis zu 10 Tage!

29. JANUAR

FRITZE

Hallo, hier Fritze. Fratze kann heute leider nicht schreiben. Sie hat die sogenannte »drahtlose Woche« eingeführt. Das bedeutet, sie hat wieder ihren alten Handy-Knochen zutage gefördert und ihr geliebtes iPhone nebst Laptop in den hintersten Teil des Kleiderschrankes verbannt. Ich »durfte« netterweise kurz das WLAN anschalten, aber auch nur, um das hier zu schreiben. Alles im Zuge ihrer »Verdetoxung«, versteht sich. Anscheinend hat sie das jetzt einmal im Monat vor. Langsam amüsiert mich die ganze Chose, denn je mehr sie übertreibt, desto schneller wird sie straucheln und zu ihrem unperfekten ICH zurückfinden. Zu essen gibt es aber immer noch ganz leckere Sachen.

LINSEN MIT GRÜNKOHL & CO

FÜR 4 PERSONEN

VINAIGRETTE
1 **Knoblauchzehe**, geschält, gewürfelt, mit Salz bedeckt & mit der Messerspitze zerdrückt
1 **TL Senf**
1 **TL Agavendicksaft**
2 **EL weißer Balsamicoessig**
4 **EL Olivenöl**
Salz & frisch gemahlener Pfeffer

Knoblauch, Senf, Agavendicksaft, Essig & Öl verquirlen und mit Salz & Pfeffer abschmecken.

REST
1 **Butternusskürbis**, geschält, Enden entfernt, in Scheiben geschnitten & nachträglich die Kerne entfernt
2 **große Pastinaken**, geschält & in Würfel geschnitten
1 **rote Zwiebel**, geschält & in Halbringe geschnitten
200 g **Grünkohl**, gewaschen, geputzt & grob geschnitten
50 ml **Wasser**
250 g **grüne Linsen**, gewaschen & nach Packungsanleitung gar gekocht
1 **Granatapfel**, entkernt (**FRITZE & FRATZES TIPP**: Granatapfel hälften und mit einem Holzlöffel draufklopfen, dann purzeln die Kerne nach einer Weile ohne das Weiße heraus.)
200 g **Ziegenfrischkäserolle**, in Stücke geschnitten
Olivenöl
Meersalz & frisch gemahlener Pfeffer

Kürbisscheiben & Pastinakenwürfel in eine große Schüssel geben, mit Olivenöl und Salz & Pfeffer gut durchmischen. Auf ein mit Backpapier ausgelegtes Blech befördern. Im vorgeheizten Backofen bei 200 Grad etwa 20–30 Minuten gar backen. Wenn die eine Seite goldbraun ist, das Gemüse wenden. In der Zwischenzeit eine Pfanne heiß werden lassen, die Zwiebel darin anschwitzen, Grünkohl hinzufügen und zugedeckt etwa 5 Minuten mit dem Wasser gar kochen. Die gekochten Linsen beigeben und gut durchmischen. Salzen & pfeffern. Linsen-Grünkohl-Mix in eine Schüssel geben, mit der Vinaigrette vermengen und auf einer großen Platte anrichten. Kürbis, Pastinaken, Granatapfelkerne und Ziegenfrischkäse darübergeben – fertig ist das gesunde Superfood-Jausi.

30. JANUAR

FRITZE

Ich sage euch: Spätestens morgen an ihrer Geburtstagsparty ist jegliche Detoxierung passé. So bekam ich doch tatsächlich 2 Tage nach Einführung der »drahtlosen Woche« eine WhatsApp. Von wem? Von Fratze herself. Als ich fragte, ob in der fratzuianischen Zeitrechnung eine Woche etwa nur 2 Tage umfasse, war sie beleidigt. Die gesunde Lebensweise schlägt ihr aufs Gemüt und auf ihren Humor. Außerdem habe ich ihr mitgeteilt, dass ich nicht mehr mitmache. Auch das kam nur so lala an. Wir werden sehen. Ich betrachte es ab heute als meine ganz private Comedy Show.
Wer hat das schon zu Hause? Auf jeden Fall habe ich, leider nur für mich, extrem leckere Wirsingrouladen gekocht. Dazu gab es einen hervorragenden Gigondas. Fratze kamen fast die Tränen, als sie auf ihrem Tofu rumgeknabbert hat.

WIRSINGROULADEN

FÜR 4 PERSONEN (8–12 Rouladen, je nach Größe des Wirsings)

FÜLLUNG
1 rote Zwiebel, geschält & fein gewürfelt
500 g Rinderhack
1 Ei
¼ Bund Petersilie, gewaschen & fein gehackt
Olivenöl zum Anbraten
Salz & frisch gemahlener Pfeffer

Olivenöl in einer Pfanne erhitzen und die Hälfte der Zwiebel darin glasig braten. Aus der Pfanne nehmen und mit Rinderhack, Ei und der Hälfte der Petersilie in einer Schüssel vermengen – geht mit den Händen am besten – und mit Salz & Pfeffer abschmecken.

ROULADE
1 Wirsingkohl, gewaschen

Die äußeren Blätter des Wirsings (16–24 Blätter, je nach Größe) abtrennen und den harten Strunk herausschneiden (aber nicht wegwerfen!). Den restlichen Kohl, wie auch den Strunk, klein schneiden und für die Sauce beiseitestellen. Die großen Blätter in kochendem, gesalzenem Wasser 3 Minuten blanchieren, anschließend unter kaltem Wasser abschrecken. Die Blätter gut abtropfen lassen, eventuell noch trocken tupfen und einzeln auf einem Küchentuch mit einem Nudelholz ausrollen. *Klingt komisch, hilft aber beim späteren Zusammenrollen.* Nun jeweils zwei Blätter entgegengesetzt übereinanderlegen, also: erstes Blatt hinlegen und das zweite in einer 180 Grad-Drehung drauflegen, sodass die herausgeschnittenen Dreiecke abgedeckt sind. Jeweils 3 Esslöffel von der Hackmasse in die Mitte der Blätter geben. Das Ganze zu einer Rolle formen, die Seiten einklappen und zusammenrollen. Mit Zahnstochern verschließen und in eine Auflaufform legen.

SAUCE
100 ml Weißwein
1 l Gemüsebrühe
100 ml Crème fraîche
Olivenöl zum Anbraten
Meersalz & frisch gemahlener Pfeffer

In einer Pfanne die andere Zwiebelhälfte und den klein geschnittenen Kohl & Strunk in Olivenöl anbraten, mit Weißwein & Gemüsebrühe ablöschen und etwa 10 Minuten köcheln lassen. Das Ganze durch ein Sieb passieren und die Sauce über die Kohlrouladen geben. Perfekt wäre, wenn diese bis zur Hälfte in Flüssigkeit liegen würden. Nun die Auflaufform mit den Rouladen bei 180 Grad in den vorgeheizten Ofen schieben. Nach ca. 1 Stunde sollten die Rouladen fertig sein. Die Rouladen aus der Auflaufform nehmen, die Flüssigkeit in einen kleinen Topf geben, kurz aufkochen lassen und mit Crème fraîche andicken.
Wirsingrouladen auf Tellern anrichten, mit Sauce begießen und zum Abschluss mit der restlichen Petersilie bestreuen. Njam. Arme Fratze!

FRITZE (& FRATZES) TIPP: Schnöde Salzkartoffeln dazu essen!

31. JANUAR

FRATZE

*Eine Woche voller Detox liegt hinter mir, und heute ist meine Geburtstagsparty.
Ich möchte mich gar nicht lange erklären. Nur so viel: Eine Woche DETOX reicht mir
vorerst. Selbstoptimierung ist einfach nicht mein Ding. Ich bin doch DIE Verfechterin
von »leisure & pleasure«. Und Perfektionismus ist das Gegenteil von Spaß. Jawohl.
Als ich vorhin das Thema beim Fritze angesprochen habe, ist ihm fast eine Träne aus
den Augen gekullert. Echt jetzt. Er hatte ganz glasige Augen. Ich schmeiß mich jetzt in
mein goldenes Tutu und dann geht die Post ab!*

FRITZE

*Es geschehen noch Zeichen und Wunder. Fratze is back. Ich geweint? Okay. Ich
beschwere mich nicht. Lieber soll sie übertreiben, theatralische Dinge irgendwo hinein-
interpretieren. Mir doch egal. Ich freue mich auf Dumplings mit Schweinehack, Bier
und eine zu laute Fratze. Happy Birthday!*

DIE ULTIMATIVEN DUMPLINGS

Es gibt so viele unterschiedliche Dim Sums, Dumplings und Gyozas, deshalb hier eine unserer liebsten Varianten.

FÜR ETWA 35–40 DUMPLINGS

SAUCE
1 EL geröstetes Sesamöl
8 EL Sojasauce
2 EL Hoisinsauce
2 EL Chilipaste (ist nicht scharf, aber lecker)
1 Chilischote, gewaschen, Stiel entfernt & in feine Röllchen geschnitten (Menge und Kerne je nach Schärfewunsch)

Alle Zutaten miteinander vermischen. Fertig!

DUMPLINGS
1 klitzekleine Zwiebel, geschält & in winzige Würfelchen geschnitten
2–3 cm großes Stück Ingwer, geschält & in winzige Würfelchen geschnitten
1–2 Chilischoten, gewaschen, Stiele entfernt & sehr fein geschnitten (Menge und Kerne je nach Schärfewunsch)
1 Pak Choi, gewaschen & Stiele von den Blättern getrennt, beides sehr fein gehackt: NICHT MISCHEN!
5 TL Fischsauce
1 Ei
1 große Karotte, geschält & geraspelt
100 g Tofu, mit Küchenpapier abgetrocknet & klitzeklein gewürfelt
100 g Schweinehack
6 rohe Garnelen, geschält, entdarmt & klein gehackt
2 Handvoll Haferflocken
1 Packung tiefgefrorene, viereckige Wan-Tan-Teigblätter (aus dem Asialaden), aufgetaut – dauert ca. 1 Stunde
Pflanzenöl zum Anbraten

Pflanzenöl in einer Pfanne heiß werden lassen, Zwiebel, Ingwer und Chilis darin rösten, Stiele vom Pak Choi dazugeben und weiterrösten, bis alles golden ist. Mit 2 TL Fischsauce während des Bratens würzen, abkühlen lassen und eventuell ausgetretene Flüssigkeit abgießen. Pak Choi Blätter, Ei, Karotte, Tofu, Schweinehack, Garnelen und 3 TL Fischsauce untermischen und mit den Händen vermengen. Haferflocken je nach Bedarf hinzufügen – die Masse sollte nicht zu weich, aber auch nicht zu trocken sein. In die Mitte eines jeden Teigblättchens einen gehäuften Teelöffel der Masse geben, die Ränder mit Wasser anfeuchten und jeweils die gegenüberliegenden Ecken über der Füllung zusammendrücken. Stilecht garen Dim Sum in Bambuskörbchen über Wasserdampf (ein Dampfsieb ist ein guter Ersatz). In einem Topf etwas Wasser zum Kochen bringen, Backpapier zuschneiden und die Böden der Körbchen damit belegen (wenn nicht, gibt es eine unschöne Klebe-Party). Etwa 4 pro Etage ins Körbchen geben, auf den Topf setzen und zugedeckt etwa 10 Minuten dämpfen, aus den Körbchen nehmen und so weiter. Wer mag, kann sie jetzt noch in Pflanzenöl anbraten. In die leckere Sauce dippen und PARTY ON!

FREILANDWARE GROSSES ANGEBOT:
Feldsalat

FREILANDWARE GERINGES ANGEBOT:
Chicorée, Chinakohl, Endivie, Grünkohl, Lauch, Rosenkohl, Wirsing

LAGERWARE:
Äpfel, Kartoffeln, Karotten, Pastinaken, Rote Bete, Rotkohl,
Schwarzwurzeln, Sellerieknollen, Weißkohl, Spitzkohl, Zwiebeln

Ofengemüse mit Bulgur & Tahin-Zitronen-Sauce

Brot mit Ziegenfrischkäse, Granatapfelkernen & Walnuss

Funnys Gemüsesuppe

Muscheln in Pastis-Sauce

Scones mit Rosinen & Orangen

Pasta mit Chicorée, Pilzen, Schinken & Estragon

Flammkuchen mit Chicorée, Serrano-Schinken & Gruyère

FEBRUAR

7.FEBRUAR

FRITZE & FRATZE

Oh, was eine Freude! Bei uns um die Ecke gibt es eine Straße mit dem Namen Broadway Market. Eine schöne, lebendige Straße mit hübschen Geschäften, Cafés und Restaurants, Bioläden, einem sensationellen Fischladen, Bäckern & Pubs. Jeden Samstag findet genau in dieser Straße ein gleichnamiger Markt statt. Wir hyperventilieren schon beim darüber Schreiben. Es gibt Lebensmittelstände aller Art, von Apfelbauern über Wildfleisch-Metzger & Fischstände bis hin zu Essensständen mit Streetfood aus aller Welt in phänomenaler Qualität. Musiker spielen und Kinder tanzen. Hach, hach, hach … könnte nur jeder Tag ein Samstag sein. Um die Ecke geht es auf einem Schulhof weiter, und nur wenige Schritte entfernt ist der Netil Market. Eine Künstlervereinigung auch mit leckerstem Essen, Blumenladen, Fritzes Friseur, Flohmarktständen und, und, und … Solltet ihr in London sein: GEHT DAHIN! Wir haben ganz viel Markt-Gemüse gekauft und inspiriert von dem Essen dort ein schmackofratziges Rezeptchen kreiert.

OFENGEMÜSE MIT BULGUR & TAHIN-ZITRONEN-SAUCE

FÜR 4 PERSONEN

GEMÜSE

1 kleiner bis mittelgroßer Hokkaidokürbis, gewaschen, entkernt & mit Schale in 1 cm dicke Spalten geschnitten
15 kleine Karotten mit Karottengrün, gewaschen, geschält & Karottengrün bis auf 2 cm abgeschnitten
2 große rote Zwiebeln, geschält & gesechstelt
Olivenöl
Meersalz & frisch gemahlener Pfeffer

Die Kürbisspalten in eine große Schüssel befördern, mit etwas Olivenöl beträufeln und gut miteinander vermischen, salzen & pfeffern und auf ein Backblech legen. Die Kürbisspalten sollten nicht übereinander liegen, sondern nebeneinander, damit sie von allen Seiten kross werden. Karotten und Zwiebeln in eine Schüssel geben und mit etwas Olivenöl vermischen, salzen & pfeffern und auf ein mit Backpapier ausgelegtes zweites Backblech geben. Im vorgeheizten Backofen bei 200 Grad etwa 30–40 Minuten backen. Das Gemüse immer wieder wenden, damit es von allen Seiten knusprig wird.

BULGUR

300 g Bulgur, gewaschen
1 Handvoll Korinthen
600 ml heißes Wasser
1 TL gemahlener Kreuzkümmel
Meersalz & frisch gemahlener Pfeffer

Bulgur und Korinthen mit 600 ml heißem Wasser übergießen und bei leichter Hitze zugedeckt ziehen lassen, bis keine Flüssigkeit mehr vorhanden ist. Kreuzkümmel hinzufügen und mit Salz & Pfeffer abschmecken.

TAHIN-ZITRONEN-SAUCE

3 EL Tahin (Sesampaste)
Saft von 1 Zitrone
6 EL Wasser
2 Knoblauchzehen, zerdrückt
Meersalz & frisch gemahlener Pfeffer

Tahin, Zitronensaft, Wasser und Knoblauch gut miteinander verquirlen, bis eine homogene Masse entstanden ist. Mit Meersalz & frisch gemahlenem Pfeffer abschmecken.

REST
Kerne von ½ Granatapfel (FRITZE & FRATZES TIPP: Granatapfel hälften und mit einem Holzlöffel draufklopfen, dann purzeln die Kerne nach einer Weile ohne das Weiße heraus.)
1 Bund glatte Petersilie, gewaschen & gehackt

Bulgur auf eine Platte geben, das Gemüse darauf anrichten, Tahin-Zitronen-Sauce drüberträufeln und mit Petersilie & Granatapfelkernen bestreuen.

FRITZE & FRATZES TIPP FÜR NICHT-VEGANER: Griechischer Joghurt obendrauf!

8. FEBRUAR

FRATZE
Boah. Heute habe ich ECHT keinen guten Tag. Alles nervt mich kolossal. Und als hätte ich nicht schon genug zu tun mit meinem unsteten Innenleben ... was macht mein Freund? Also: Ich habe einen prächtigen Pizzateig gemacht, mit stundenlangem Gehenlassen und Pipapo. Dann übernimmt dieser Horst von einem Freund das Zepter. Und ... ahhh ... ich bekomme schon wieder Aggressionen. Er rollt den Teig aus, belegt ihn dick und fett auf dem Küchentisch. Dann, beim Transferieren auf das Backblech, reißt der Teig und alles ist 'ne Pampe. Wie kann man so dämlich sein? Jeder Säugling weiß doch, dass man Pizzen AUF dem Blech belegt. Ich habe daraufhin so reagiert, als hätte er den Zweiten Weltkrieg angezettelt und alles, auch die zweite Pizzakugel und ALLES, ALLES, ALLES andere in den Müll geschmissen und ein wenig geschrien. Jetzt bin ich fürchterlich traurig.

FRITZE
Heute ist einer dieser Fratze-Tage, die lieber unerwähnt bleiben sollten. Ich werde sie jetzt mal eine Stunde ausmotzen lassen und in der Zwischenzeit Pizzen von der Pizzeria und eine schöne Flasche Wein holen. Das Gute an meiner Fratze ist in all ihrer Absurdität, dass alles schnell wieder im Lot ist.

FRITZE & FRATZE
Wir haben uns wieder recht gerne und essen Pizza ...

11. FEBRUAR

03:00 Uhr/FRATZE

*London. Ich bin also nun in London. Manchmal geistere ich nachts durch unsere
Schuhschachtel und denke darüber nach, ob ich irre bin. Und unemanzipiert.
Einem Mann nachzuziehen in eine Stadt, in der ich nicht arbeiten kann und noch
mehr Reisen in Kauf nehmen muss als ohnehin schon. Natürlich ist der Fritze ein
Prachtexemplar, und er fragt sich bestimmt auch, wieso er mich hierhergeholt hat.
Denn wirklich nett bin ich seit der Pizza-Aktion nur manchmal. Ich sollte ihn wecken
und sagen, dass es mir leidtut.*

05:45 Uhr/FRITZE
*Das war eine sehr kurze Nacht, denn Fratze hat mir um 05:00 Uhr ein
Entschuldigungsfrühstück gemacht. Das ist ja sehr nett, aber warum um 05:00 Uhr?
Mir wäre es ja lieber, wenn sie durchgehend normal-nett wäre und nicht hops oder
dops. War aber ziemlich lecker.*

Brot mit Ziegenfrischkäse, Granatapfelkernen & Walnuss

FÜR 2 BROTE

2 Scheiben Bauernbrot
2 EL Ziegenfrischkäse (30 g)
8 Walnusshälften, klein gehackt
½ Granatapfel, entkernt (**FRITZE & FRATZES TIPP:** Auf den Granatapfel mit
einem Holzlöffel draufklopfen, dann purzeln die Kerne nach einer Weile ohne das
Weiße heraus.)

Die Brote mit Ziegenfrischkäse bestreichen, Walnüsse und Granatapfelkerne darauf
geben. Fertig!

12. FEBRUAR

FRATZE

Meine Oma nannten wir Funny-Mensch. Heute wäre ihr 103. Geburtstag, wenn sie denn noch leben würde. Aber da wir Menschen nun mal sterblich sind, ist sie im stolzen Alter von 96 Jahren eingeschlummert. Es vergeht kaum ein Tag, an dem ich nicht an sie denke. Natürlich auch mit Traurigkeit, aber vor allem mit Freude. Sie war, wie ihr Spitzname schon besagt, ein höchst illustrer Mensch, voller Tatendrang, Neugier, Wissbegier, Humor und einer Kochleidenschaft, die sie an alle nachfolgenden Generationen weitergegeben hat. Teigklöpse hat sie einem immer zugeworfen, Küsse darauf verteilt und sie »mein Gutchen« genannt. Sie ist bei ihren Großeltern in Berlin aufgewachsen, da ihre Mutter früh nach Schweden ausgewandert ist, und das hat Funny-Menschs Art zu kochen geprägt. Eines meiner absoluten Lieblinge ist diese Gemüsesuppe. Das Besondere daran ist der zerstoßene Koriander. Das Rezept habe ich mir kurz vor ihrem Tod diktieren lassen. Auf dich, Funny-Mensch!

FUNNYS GEMÜSESUPPE

FÜR 4–6 PERSONEN

4 große Kartoffeln, geschält & gewürfelt
1 Zwiebel, geschält & in Halbringe geschnitten
3 Karotten, geschält & in Halbscheiben geschnitten
1 mittelgroße Sellerieknolle, geschält & gewürfelt
1 x Dosentomaten (400 g)
1,5–2 l Gemüsebrühe
2 Lorbeerblätter
2 EL Tomatenmark
3 Knoblauchzehen, geschält & in feine Scheiben geschnitten
2–3 TL Koriandersamen, im Mörser zerstoßen
2 mittelgroße Lauchstangen, gewaschen, Enden abgeschnitten & in 2–3 cm große Scheiben geschnitten
1 Bund glatte Petersilie, gewaschen & fein gehackt
Olivenöl zum Anbraten
Meersalz & frisch gemahlener Pfeffer

Die Kartoffelwürfel in wenig Wasser mit Salz gar kochen. Wasser abgießen und Kartoffeln beiseitestellen. In einem großen Topf die Zwiebel in Olivenöl glasig braten, Karotten & Sellerie hinzugeben und ebenfalls anbraten. Dosentomaten dazugeben und mit Gemüsebrühe ablöschen. Lorbeerblätter, Tomatenmark, Knoblauch & zerstoßene Koriandersamen zugeben und etwa 15 Minuten köcheln lassen. Dann erst den Lauch hinzufügen (Funny hat »schleimigen« Lauch verabscheut) und weiterkochen, bis alles Gemüse gar, aber noch knackig ist. Erst zum Schluss die Kartoffeln zugeben. Mit Meersalz & Pfeffer abschmecken. In Teller füllen und mit Petersilie bestreuen! HIMMLISCHST!

15. FEBRUAR

FRITZE
Wie ihr noch merken werdet, sind Meeresfrüchte, Muscheln, Fisch & Co eine meiner großen Leidenschaften. Und so freut es mich kugelrund, dass es überholt ist, Muscheln nur in Monaten mit R zu essen, sprich nicht im Sommer. Muscheln werden heutzutage rasend schnell und kühl transportiert – Punkt Nummer 1 ist also hinfällig. Punkt Nummer 2: die sommerliche Algenblüte, die das hübsche Muschelfleisch vergiftet. Auch die wird durch sofortige Lagerung der Muscheln in frischem Wasser nach dem Fang eliminiert. Ebenfalls hinfällig! Darauf gibt es gleich mal 'ne fette Portion MUSCHELN.

MUSCHELN IN PASTIS-SAUCE

FÜR 2 PERSONEN

2 kg Miesmuscheln (Muscheln sorgfältig putzen, dabei geöffnete und beschädigte wegwerfen, und eine halbe Stunde in kaltes, gesalzenes Wasser legen – am besten noch mit einer halben Chilischote. Das ist ein kleiner Schlaubi-Schlumpf-Trick, denn so spucken die Muscheln den Sand aus.)
1 Zwiebel, geschält & fein gewürfelt
4 Knoblauchzehen, geschält & in feine Scheiben geschnitten
3 Karotten, geschält & in dünne Scheiben geschnitten
2 Lauchstangen, gewaschen, Enden entfernt & in feine Scheiben geschnitten
4 Tomaten, gewaschen, Strünke entfernt & fein gewürfelt
400 ml Gemüsebrühe
6 EL Pastis
2 EL Crème fraîche
½ Bund Petersilie, gewaschen & fein gehackt
Olivenöl zum Anbraten
Meersalz & frisch gemahlener Pfeffer

In einem großen Topf Zwiebel & Knoblauch in Olivenöl gülden braten, Karotten & Lauch hinzugeben und etwa 3–5 Minuten mitbraten. Die Tomaten dazugeben und mit Gemüsebrühe & Pastis ablöschen. Weitere 5 Minuten bei mittlerer Hitze köcheln lassen. Crème fraîche unterrühren und mit Salz & Pfeffer abschmecken. Kurz aufkochen, Petersilie untermischen und die Muscheln ca. 7 Minuten, bzw. bis alle Muscheln offen sind, zugedeckt köcheln lassen. Die Muscheln, die nicht geöffnet sind: WEGWERFEN!

FRITZE & FRATZES BEILAGENTIPP: Süßkartoffel-Pommes! Süßkartoffeln schälen, in dünne Stifte schneiden und in einer Schüssel mit Olivenöl, Salz, Cayennepfeffer & Thymian durchmischen. 20–30 Minuten bei 200 Grad in den vorgeheizten Backofen schieben. Die Süßkartoffelstifte sollten nicht wild übereinander liegen, sonst werden sie nicht knusprig. Immer mal wieder wenden.

18. FEBRUAR

FRATZE

Was für eine dunkle Kälte hier herrscht. BRRRRRRR. Da muss man aufpassen, dass man innen drin nicht auch ganz verdunkelt. Um dagegen anzugehen, halte ich es ganz britisch und flüchte mich in die kuschelige »TEA TIME«. Ein Mythos darüber macht mich fröhlich: Ende des 18./Anfang des 19. Jahrhunderts haben die Menschen nur morgens und abends gegessen. Anna, die Gräfin von Bedfordshire, war aber ein jausiger Mensch und führte ein, nachmittags Tee zu trinken und Gebäck zu essen. In Windeseile hat die Bevölkerung dieses Ritual übernommen, und bis heute gibt es »Tea Rooms« und vor allem SCONES. Ein sehr leckeres, britisches Gebäck.

Scones mit Rosinen & Orangen

FÜR 12–15 STÜCK

500 g Mehl
1 Päckchen Backpulver
1 Prise Salz
110 g Butter, in kleine Stücke geschnitten
70 g Zucker
300 ml Milch
Abrieb von 1 Orange
100 g Rosinen

Den Backofen auf 180 Grad vorheizen. Das Mehl mit dem Backpulver & Salz gut vermischen. Butter & Zucker dazugeben und mit den Knethaken des Handrührgeräts verrühren, bis sich Krumen gebildet haben. Nach und nach die Milch, Orangenabrieb & Rosinen zugeben und nun mit den Händen so lange weiterkneten, bis ein glatter Teig entstanden ist. Etwa 2 cm dick ausrollen und mit einer 2–3 cm großen, runden Form ausstechen. *Wir nehmen immer ein kleines Gläschen.* Den Vorgang wiederholen, bis kein Teig mehr da ist. Die Scones auf ein mit Backpapier ausgelegtes Backblech legen und etwa 15 Minuten in den Ofen schieben bzw. bis sie golden sind.

FRITZE & FRATZES TIPP: Wir mögen sie am liebsten mit Salzbutter & Orangenmarmelade.

19./20./21./22./23./24./25. FEBRUAR

FRITZE & FRATZE

Huch, fragt ihr euch? Warum so viele Daten auf einmal? Tzja ja. Wir jausen nur noch Chicorée. Jeden Tag. Denn es ist nicht mehr allzu lange Chicorée-Saison. Und das muss ausgenutzt werden. Damit dieses Werk nicht zu einem Chicorée-Kochbuch mutiert, haben wir 2 Rezepte für euch ausgesucht. Die Pasta ist vom Fritze, der Flammkuchen von Fratze. Beides gleichermaßen lecker. Außerdem ist dieses Wintergemüschen ja auch noch ungemein gesund, aber darauf möchten wir jetzt nicht näher eingehen. Dafür aber auf einen Schlaubi-Schlumpf-Trick, der uns besonders gut gefällt: Wenn man herausfinden möchte, ob eine Pfanne Eisen enthält, einfach Chicorée darin anbraten. Wenn er schwarz wird: EISEN-ALARM. Wir müssen nicht erwähnen, dass wir viele Pfannen besitzen und ALLE getestet wurden?! Aber no Eisen in da House zum Glück. So. Und nun ran an die Töpfe, Freunde!

PASTA MIT CHICORÉE, PILZEN, SCHINKEN & ESTRAGON

FÜR 2 PERSONEN

1 **Schalotte**, geschält & fein gewürfelt
250 g **braune Champignons**, geputzt, geschält & in Scheiben geschnitten
100 g **gekochter Schinken**, in Streifen geschnitten
2 **Chicorée**, gewaschen, Strünke entfernt & Blätter vorsichtig abgelöst
2 EL **Balsamicoessig**
1,5 TL **Senf**
2 EL **saure Sahne**
10 **Blätter Estragon**, gewaschen
250 g **Tagliatelle**, nach Packungsanleitung al dente gekocht
Optional: **Parmesan**, frisch gerieben
Olivenöl zum Anbraten
Meersalz & frisch gemahlener Pfeffer

Olivenöl in einer Pfanne erhitzen, Schalotte hinzugeben und gülden braten. Champignons & Schinken dazugeben und kross braten. Den Chicorée, Balsamicoessig und Senf dazugeben, 1 Minute köcheln lassen und die Pfanne von der Herdplatte nehmen. Saure Sahne & Estragon untermischen, mit der Pasta vermengen und salzen & pfeffern. FERTIG! Parmesan je nach Geschmack drüberstreuen.

FLAMMKUCHEN MIT CHICORÉE, SERRANO-SCHINKEN & GRUYÈRE

FÜR 2 SEHR DÜNNE FLAMMKUCHEN

TEIG
250 g Mehl
1 Prise Salz
125 ml kaltes Wasser
2 EL Olivenöl

BELAG
300 ml saure Sahne
1 große rote Zwiebel, in dünne Halbringe geschnitten
2 Chicorée, Strunk entfernt, Blätter vorsichtig abgelöst
100 g Gruyère, frisch gerieben
6 Scheiben Serrano-Schinken
Meersalz & frisch gemahlener Pfeffer

Alle Teigzutaten gut durchkneten. Der Teig sollte glatt, schön und fest sein. Den Teig in 2 Portionen teilen, jeweils auf einer bemehlten Arbeitsfläche sehr dünn ausrollen, mit der sauren Sahne bestreichen, mit Salz & Pfeffer würzen und mit den Zwiebelhalbringen belegen. Im vorgeheizten Ofen 20–30 Minuten bei 200 Grad knusprig backen. Kurz bevor der Flammkuchen fertig ist, Cicorée drauflegen, Gruyère drüberstreuen, schmelzen lassen, aus dem Ofen nehmen und den Schinken obendrauf drapieren. Dazu ein Gläschen Riesling und der Abend ist perfekt!

FREILANDWARE GROSSES ANGEBOT:
Feldsalat

FREILANDWARE GERINGES ANGEBOT:
Chicorée, Grünkohl, Lauch, Spinat, Wirsing

LAGERWARE:
Äpfel, Kartoffeln, Karotten, Pastinaken, Rote Bete, Rotkohl,
Schwarzwurzeln, Sellerieknollen, Weißkohl, Spitzkohl, Zwiebeln

Feldsalat-Booster

Cottage-Leek-Pie

New-York-Cheesecake mit kandierten Orangen

Garnelen mit Aioli

Pancakes mit Tintenfisch & Kimchi

Amaranth-Porridge mit glasierten Äpfeln & Walnüssen

Cremige Polenta mit Ofengemüse

Bircher Müesli

Reisbandnudeln mit Rinderhack & Karottensalat

Ofengeröstete Karotten, Rote Bete, Linsen & Karottengrün-Pesto

MÄRZ

1. MÄRZ

FRITZE & FRATZE

We proudly present: Our Schuhschachtel. Ganze 46 m² ist sie groß, über den Dächern von London im vibrierenden EAST LONDON. Wir haben gestrichen und gebaut, als gäbe es kein Morgen. Und wer arbeitet, braucht Vitamine. Darum haben wir heute etwas Besonderes erfunden:

FELDSALAT-BOOSTER

FÜR 2 KLEINE GLÄSER

80 g Feldsalat, geputzt & gewaschen
150 g Joghurt
100 ml Milch
2 EL Agavendicksaft
1 EL Zitronensaft

Alle Zutaten in einem Mixer oder mit dem Pürierstab pürieren!

7. MÄRZ

FRITZE & FRATZE

Wir sind sehr große Anhänger von Londoner Esskultur. So vielfältig die Menschen und ihre Kulturen sind, die hier leben, so vielfältig ist das Essen. Uns haben es aber auch britische Gerichte angetan, allen voran die Cottage und die Shepherd's Pie. Der einzige Unterschied zwischen beiden Gerichten besteht darin, dass die Cottage Pie mit Rinderhack und die Shepherd's Pie mit Lammhack zubereitet wird. Das Tolle daran ist, dass es ein Grundrezept gibt: Bolognese mit Kartoffelbrei überbacken. Und dann kann man variieren, was das Zeug hält. Wir sind heute sehr klassisch geblieben: eine Cottage Pie mit Lauch. Schmeckt auch super, wenn man sie mit Süßkartoffelbrei macht. ENJOY YOUR MEAL!

COTTAGE-LEEK-PIE

FÜR 6 PERSONEN

BOLOGNESE & LAUCH

1 große Zwiebel, geschält & in Halbringe geschnitten
3 Knoblauchzehen, geschält & zerdrückt
2 Karotten, geschält & fein gewürfelt
2 Selleriestangen, gewaschen, Enden entfernt & fein gewürfelt
2 x Dosentomaten (à 400 g)
100 g Tomatenmark
400 ml trockener Rotwein (»Je besser der Wein, desto besser das Gericht.« – fritzefratzuianische Weisheit)
4 Lorbeerblätter
700 g Rinderhack
Blättchen von 6 Zweigen Thymian
2 Stangen Lauch, gewaschen, Enden entfernt & in Scheiben geschnitten
Olivenöl zum Anbraten
Meersalz & frisch gemahlener Pfeffer

In einer Pfanne Zwiebel & Knoblauch in Olivenöl anschwitzen, Karotten & Selleriestangen dazugeben und goldbraun braten. Die Dosentomaten, Tomatenmark, Rotwein & Lorbeerblätter hinzufügen und bei mittlerer Hitze zugedeckt köcheln lassen. In einer separaten Pfanne das Hackfleisch mit etwas Olivenöl scharf anbraten, bis es knusprig ist, zu der Tomatensauce geben und 30–40 Minuten zugedeckt kochen. Immer wieder umrühren und eventuell etwas Wasser beigeben, damit die Bolognese nicht anbrennt. Von der Herdplatte nehmen, Lorbeerblätter rausfischen, Thymianblätter hinzugeben und mit Salz & Pfeffer abschmecken. Wieder eine Pfanne heiß werden lassen und den Lauch in Olivenöl kurz bissfest braten. Beiseitestellen.

KARTOFFELBREI

1 kg Kartoffeln, geschält
50 g Butter
200 ml Milch
Muskatnuss, frisch gerieben
Meersalz & frisch gemahlener Pfeffer

Die geschälten Kartoffeln in Salzwasser ca. 25 Minuten gar kochen.
Herd abschalten, Wasser komplett abgießen und die Kartoffeln mit einem
Kartoffelstampfer zu einem Brei verarbeiten. Nach und nach Butter & Milch
zugeben, bis eine schöne Kartoffelbreikonsistenz entstanden ist. (Eventuell muss
man mehr oder weniger Milch & Butter hinzufügen.) Mit Muskatnuss würzen
und mit Salz & Pfeffer abschmecken. Die Hackfleischsauce in einer ofenfesten
Auflaufform gleichmäßig auf dem Boden verteilen, den Lauch daraufschichten und
mit dem Kartoffelbrei bedecken. Im vorgeheizten Ofen bei 180 Grad ca. 30 Minuten
goldbraun backen.

14. MÄRZ

FRATZE
Morgen ist Fritzes Geburtstag, und ich schreibe gerade an seinem
Geburtstagsständchen. Was meint ihr?

DER RUMMEL-SONG

(1. Strophe gesungen)
Früher als ich noch kleiner war,
da war Rummel jedes Jahr.
Und vor der Schießbude stand ich immer,
aber gewonnen hab ich nie und nimmer.
Mir wurde immer ums Herz so schwer,
denn ich wollt' so gern den Riesenbär.
Der war der Hauptgewinn,
und da kommt mir sogleich in den Sinn:

(2. Strophe ins Mikrophon gehaucht)
Du. Du bist der Hauptgewinn.
Du bist der Riesenbär vom Rummel.
Der, den jeder haben wollte, aber keiner je bekam.
Er war das, wovon ich immer geträumt habe,
und nun bist Du da.
In echt und Farbe und bist meins. Meins ganz allein.

(Zum Schluss noch mal flüsternd gesungen)
Oh. Du Bär vom Rummel, oh Du Riesenbär, oh Du Hauptgewinn oh OHHHHH
Oh …

Das ist witzig gemeint, ne! Als wir uns erst ganz kurz kannten, hab ich Fritze
wirklich mal freitagabends am Hauptbahnhof in Zürich in einem überdimensionalen
Bärenkostüm abgeholt. So. Nun backe ich schon mal seine Geburtstagstorte:
einen New-York-Cheesecake mit kandierten Orangen.

3 h später: Leute. Ich bin eine einzige Katastrophe. Da schreib ich noch schön ins
Rezept: 4 Stunden in den Kühlschrank stellen. Und was mach ich? Aus Ungeduld
und weil ich die Fotos schnell machen wollte, habe ich ihn nach 1 Stunde wieder
rausgeholt. KEINE GUTE IDEE! Danach wollte ich die untere Platte der Springform
abnehmen, um den Kuchen auf ein Brett zu stürzen – MITTELGUTE IDEE – und
dann … Oh. Das ist noch so viel dümmer als die Fritze-Pizza-Aktion. Wir haben
richtig große, schwere Bretter als Unterlagen für Fotos. Meine Idee & Aktion war nun,
ein großes Brett auf die Rückseite des Kuchens zu legen und noch mal umzustürzen.
GANZ MIESE IDEE. Natürlich war das Brett zu groß, zu schwer und nun ist der
Kuchen zu 2/3 komplett zermanscht. Ich hab jetzt einfach die doppelte Menge
Orangen gemacht, draufgehauen und den Kuchen so geformt, dass ich von vorne
Fotos machen konnte. Der Fritze wird's lustig finden. Ich mag mich gerade nicht!

NEW-YORK-CHEESECAKE MIT KANDIERTEN ORANGEN

FÜR 1 SPRINGFORM

BODEN
200 g Ingwerkekse (oder jedwede Kekse nach Wunsch)
80 g Butter, geschmolzen
Butter zum Einfetten

Als Erstes: Kekse zerbröseln. Mein erster Versuch: Kekse in eine Plastiktüte füllen und mit dem Hammer drauflos hauen … Leider hat das die Tüte nicht so gut ausgehalten. Daraufhin habe ich mich mal schlau gemacht und herausgefunden, dass der Normalbürger keinen Hammer, sondern ein Nudelholz nimmt und drüberrollt, bis die Kekse zermahlen sind. Das ist nicht die schlechteste Variante. Die Brösel mit der geschmolzenen Butter verkneten und diese Masse in eine eingebutterte Springform geben. Flach drücken und in den Kühlschrank stellen.

FÜLLUNG
900 g Frischkäse
300 ml saure Sahne
125 g Zucker
Saft von 1 Orange
Abrieb von 2 Orangen
4 große Eier

Alle Zutaten gut miteinander vermischen und behutsam in die Springform füllen. 45 Minuten in dem auf 160 Grad vorgeheizten Ofen backen. Danach abkühlen lassen und mindestens 4 Stunden in den Kühlschrank stellen.

TOPPING
10 EL Puderzucker
Saft von 1 Orange
100 ml Wasser
2 Orangen, gut gewaschen & in feine Scheiben geschnitten

In der Zwischenzeit eine große, beschichtete Pfanne erhitzen, den Puderzucker hineingeben und unter ständigem Rühren schmelzen lassen, mit Orangensaft und Wasser ablöschen und zu guter Letzt die Orangenscheiben dazugeben. 20–25 Minuten bei geringer Hitze einkochen lassen. Die Orangen immer wieder vorsichtig wenden. Von der Herdplatte nehmen und mindestens 15 Minuten abkühlen lassen. Den Cheesecake mit den Orangen bedecken und den Sirup darüberträufeln. LECKER!

15. MÄRZ

FRATZE
Happy Birthday, Fritzilein. Heute Morgen habe ich einen Geburtstagstisch gemacht,
der ziemlich gut ankam. Nun ist das Fritzli arbeiten. Uff TATA. Da der Fritze ein
Geburtstagsmuffel ist, werden wir heute Abend zu Hause bleiben. Das bedeutet: Ich
koche. Aber ich wäre nicht ich, wenn ich mir nicht etwas FULMINANTES ausgedacht
hätte.

VORSPEISE:

GARNELEN MIT AIOLI

FÜR 2 PERSONEN

10 herrliche, rohe Garnelen, entdarmt

AIOLI
1 Eigelb
4–6 Knoblauchzehen, geschält, gewürfelt, mit Salz bedeckt & mit der Messerspitze
zu einem Brei zerdrückt
150–200 ml Olivenöl
1 EL frisch gepresster Zitronensaft
Meersalz & frisch gemahlener Pfeffer

Das Eigelb mit dem zerdrückten Knoblauch vermischen. Das Olivenöl in dünnem
Strahl unter ständigem Rühren dazugeben, von Zeit zu Zeit ein paar Tropfen
Zitronensaft hinzufügen. Sobald die Aioli so dick wie Mayonnaise ist, mit Salz &
Pfeffer abschmecken. Für die prächtigen Garnelen einfach nur einen großen Topf
mit Wasser zum Kochen bringen, die Garnelchen reinbefördern und so lange
kochen, bis sie sich orange färben. Das dauert ca. 3 Minuten, je nach Größe. Am
Tisch die Garnelen schälen und in die Aioli tunken.

Pancakes mit Tintenfisch & Kimchi

FÜR 2 PERSONEN

300 g **Tintenfisch**, vom Fischhändler gesäubert
1 EL **Zitronensaft**
300 g **Kimchi**, grob gehackt
1 rote **Chilischote**, gewaschen, Stiel entfernt & in feine Scheiben geschnitten
4 **Frühlingszwiebeln**, gewaschen, Enden entfernt & in feine Röllchen geschnitten
200 g **Mehl**
1 EL **geröstetes Sesamöl**
1 **Ei**
6 EL **Sojasauce**
Pflanzenöl zum Anbraten

Die Tintenfische in kochendem Wasser mit 1 EL Zitronensaft 2–3 Minuten kochen lassen, herausnehmen und abtrocknen. Den Körper grob hacken, die Beinchen ganz lassen und diese nicht mit in die Pancakes mischen, sondern in einer Pfanne mit Pflanzenöl ca. 2–3 Minuten knusprig braten.

Für die Pancakes: Die Tintenfischringe (nicht die Beinchen), Kimchi, ¾ der Chilischote, ¾ der Frühlingszwiebeln, Mehl, geröstetes Sesamöl & Ei gut miteinander verrühren, sodass man eine schöne Pfannkuchen-Masse hat. Pflanzenöl in einer Pfanne erhitzen und in Etappen die Pancakes darin braten. Etwa 3 EL Masse pro Pancake, 2 Minuten von jeder Seite braten, bis sie goldbraun sind. Die Sojasauce mit den restlichen Frühlingszwiebeln & Chili vermischen, die angebratenen Beinchen und die Pancakes darin dippen. Fertig ist eine Wahnsinns-Leckerei!

02.00 Uhr/FRITZE
Das war ein Knüller-Tag voller Leckereien. Ich bin ganz glückselig. Einen dollen Lachkrampf hatte ich auch: DIESES RUMMEL-LIED und der zerdepperte Kuchen. Ich könnte schon wieder brüllen. Meine Fratze ist schon ganz schön toll!
Danke, Du und GUTE NACHT, Freunde! Hicks!

21. MÄRZ

Wochenend' und Sonnenschein. Der Frühling rückt hier immer näher. Es blüht, es zwitschert, es grünt. Und wir haben zum Einstand ins Wochenende AMARANTH-PORRIDGE mit glasierten Äpfeln & Walnüssen im Bett gejaust.
Habt es auch so zwitscherig wohlig!

AMARANTH-PORRIDGE MIT GLASIERTEN ÄPFELN & WALNÜSSEN

FÜR 2 PERSONEN

PORRIDGE
130 g Amaranth
260 ml Wasser
140 ml Mandelmilch
1 TL Zimt
1 EL Agavendicksaft

Amaranth in Wasser über Nacht im Kühlschrank einweichen. Am Morgen das Wasser abgießen und den Amaranth mit der Mandelmilch in einen Topf geben. Bei kleiner Hitze und häufigem Rühren etwa 25 Minuten cremig kochen. Eventuell muss man etwas mehr Mandelmilch beigeben. Zum Schluss 1 TL Zimt und 1 EL Agavendicksaft untermischen.

GLASIERTE ÄPFEL
1 großer, säuerlicher Apfel, gewaschen & in Spalten geschnitten
50 ml Wasser
10 Walnusskernhälften
1 EL Agavendicksaft

Eine beschichtete Pfanne heiß werden lassen und die Apfelspalten hineingeben. Nach etwa 2 Minuten mit 50 ml Wasser ablöschen, köcheln lassen, bis das Wasser eingekocht ist. Die Walnusskerne & 1 EL Agavendicksaft dazugeben und etwa 2 Minuten braten. Porridge auf zwei Schüsseln verteilen, Äpfel & Walnüsse darauflegen, und das Wochenende kann losgehen …
Jihaaaaaaaaaaaaaaaaaaaaaaaaaaaaaaaaaaaaaaaaaa!

23. MÄRZ

FRATZE
Let's talk about Sonntage. Was ist nur mit diesen Tagen los? Ich mag sie einfach nicht. Sie strahlen so etwas Langweiliges und Depressives aus. Keine Ahnung, warum, denn was man aus einem Tag macht, liegt ja an einem selbst. Aber Pustekuchen! Ich möchte so gerne dahinterkommen, denn bei mir kann es ja auch nicht am bevorstehenden Arbeitstag liegen. Nicht, weil ich gar nicht arbeite, sondern weil ich eben auch am Wochenende oder nachts arbeite. Als ich noch in Berlin wohnte, dachte ich, es läge daran, dass die Geschäfte geschlossen sind und man somit nicht alles tun kann, was man möchte. Aber hier in London sind die Geschäfte ja auch sonntags geöffnet. Ach herrje. Ich weiß es einfach nicht.

FRITZE
Ich kann euch sagen, warum Fratze so mediumgelaunt ist. Morgen muss sie mal wieder reisen. Alle 10 Tage ist das Fratzli momentan unterwegs. Ich mag reisen und fliegen sehr gerne, aber wenn ich das sage, wird sie grantig, denn ich habe ja keine Ahnung. Während sie packt, koche ich mal.

CREMIGE POLENTA MIT OFENGEMÜSE

FÜR 2 PERSONEN

POLENTA
300 ml Wasser
300 ml Milch
150 g Polenta
30 g Parmesan, frisch gerieben
Meersalz & frisch gemahlener Pfeffer

In einem Topf Wasser & Milch aufkochen. Langsam die Polenta reinrieseln lassen und etwa 2 Minuten rühren, bis eine dickflüssige Masse entstanden ist, die Hitze reduzieren und etwa 30 Minuten zugedeckt köcheln lassen. Damit die Polenta nicht klumpt oder anbrennt, alle 5 Minuten umrühren. Zum Schluss den Parmesan unterrühren und mit Salz & Pfeffer abschmecken.

GEMÜSE
1 rote Zwiebel, geschält & geachtelt
3 Karotten, geschält & in Stifte geschnitten
250 g braune Champignons, geputzt, geschält & geviertelt
250 g Cocktailtomaten, gewaschen
2 Knoblauchzehen, geschält & in Scheiben geschnitten
2 Zweige Rosmarin, gewaschen, Nadeln abgezupft & klein geschnitten
Olivenöl

In der Zwischenzeit die Zwiebel, Karotten, Champignons, Cocktailtomaten, Knoblauch & Rosmarin in eine Schüssel geben, mit Olivenöl beträufeln, salzen & pfeffern und gut vermengen. Auf ein Backblech mit Backpapier befördern und im vorgeheizten Ofen bei 200 Grad ca. 30 Minuten backen. Von Zeit zu Zeit das Gemüse wenden. Polenta auf Tellern verteilen und das Gemüse darübergeben. Njammerichst!

25. MÄRZ

FRATZE
GRÜSSE AUS ZÜRI!
Und natürlich darf da ein Bircher-Müesli-Rezept nicht fehlen. Es ist das UR-REZEPT aller Müslis, Cornflakes, Dinkelpops und weiß der Kuckuck was. Im Original heißt es lustigerweise »Apfeldiätspeise«. Und da ich 7 Jahre in Zürich gelebt habe, darf ich mich voller Stolz »Bircher-Müesli-Expertin« nennen.

Bircher Müesli

FÜR 2–3 PERSONEN

150 g Haferflocken
50 g Rosinen
50 g getrocknete Aprikosen, in feine Scheiben geschnitten
Saft von 1 Orange
250 g Joghurt
1 kleiner Apfel, gewaschen & geraspelt
1 Orange, filetiert & in feine Stücke geschnitten
1 Maracuja, entkernt
Kerne von ½ Granatapfel (**FRITZE & FRATZES TIPP**: Auf den Granatapfel mit einem Holzlöffel draufklopfen, dann purzeln die Kerne nach einer Weile ohne das Weiße heraus.)
100 ml Milch

Haferflocken, Rosinen und Aprikosen mit dem Orangensaft und dem Joghurt gut vermischen und über Nacht in den Kühlschrank stellen. Am nächsten Morgen Apfel, Orange, Maracuja, Granatapfelkerne & Milch untermischen. En Guete mitenand und en gfreute Start in Tag!

26. MÄRZ

FRITZE

Fratzi ist in Zürich, und ich leide dennoch keinen Hunger. Hier ein Rezept, das wir wohl jedem unserer Fleisch essenden Freunde schon mal kredenzt haben: eine koreanisch-vietnamesische Super-Kreuzung. Gutes asiatisches Fusion-Cooking habe ich in Sydney/Australien kennengelernt. In Europa bieten ja eher die miesen Restaurants Gerichte aus unterschiedlichen asiatischen Ländern an. In Australien hingegen hat sich durch die vielen Einwanderer eine hervorragende Fusion-Esskultur entwickelt. Auf einem sehr hohen Niveau werden alle erdenklichen asiatischen Länderküchen vermischt. Um das Kuddelmuddel perfekt zu machen, gibt es bei mir ein Thai-Bier dazu!

REISBANDNUDELN MIT RINDERHACK & KAROTTENSALAT

FÜR 4 PERSONEN

HACKFLEISCH
4 Knoblauchzehen, geschält & zerdrückt
Abrieb von 1 Zitrone
1–2 Chilischoten, gewaschen, Stiele abgeschnitten & fein gewürfelt
(Menge und Kerne je nach Schärfewunsch)
4–5 cm großes Stück Ingwer, geschält & fein geraspelt
500 g Rinderhack
3 EL Sojasauce
Pflanzenöl zum Anbraten
frisch gemahlener Pfeffer

Pflanzenöl in einer Pfanne erhitzen und Knoblauch, Zitronenabrieb, Chilis & Ingwer darin etwa 1 Minute gülden braten. Das Hackfleisch zugeben und bei hoher Hitze kross und knusprig braten. Mit Sojasauce ablöschen und weitere 2–3 Minuten braten. Ausreichend pfeffern und beiseitestellen.

KAROTTENSALAT
30 g Vollrohrzucker
100 ml Wasser
Saft von 1 Zitrone
1 EL Reisessig
4–5 cm großes Stück Ingwer, geschält & fein geraspelt
3 EL Fischsauce (Fischsauce ist das Salz, und jeder hat ein anderes Salzbedürfnis, darum zum Schluss eventuell nachjustieren.)
6 große Karotten, geschält, Enden entfernt & in Julienne geschnitten
1 Handvoll Basilikumblätter, gewaschen
1 EL geröstetes Sesamöl

REST
300 g Reisbandnudeln, nach Packungsanleitung gar gekocht
2 Frühlingszwiebeln, gewaschen & in Röllchen geschnitten

Für die Sauce Zucker & Wasser in einem kleinen Topf erhitzen, bis der Zucker geschmolzen ist. Zitronensaft, Reisessig, Ingwer & Fischsauce dazugeben und gut miteinander vermischen. Abkühlen lassen. Die Sauce mit Karotten & Basilikum vermischen und das Sesamöl darüberträufeln. Nudeln und Karottensalat auf Tellern anrichten, Hackfleisch dazugeben und mit den Frühlingszwiebeln bestreuen.

28. MÄRZ

FRATZE

Judidu. Ich bin wieder in unserer Schuhschachtel. Soeben angekommen.
Und es sieht sehr mittelmäßig aus. Angeblich hat der Fritze gestern 3 Stunden
geputzt. Das ist definitiv eine Lüge. Und LÜGEN kann ich nicht ausstehen. Ruhig
Blut. Ich führe mir immer vor Augen, dass er ein Mann ist. Deswegen muss er aber
keineswegs weniger putzen. Im Gegenteil: MEHR. Denn auch im Kleinen muss
Wiedergutmachung dafür geleistet werden, was uns Frauen über Jahrtausende hinweg
angetan wurde. Aber: Er ist einfach nicht so klug, besitzt weder eine ausgeprägte
soziale noch eine praktische Intelligenz. Dafür hat er ja aber mich, und das muss ihm
einfach noch eingetrichtert werden. Immer und immer wieder.
Der Kühlschrank ist auch zum Platzen voll. Darum habe ich ein, unbescheiden gesagt,
phänomenales Reste-Essen gekocht! Guten Appetit.
PS: MITLEID mit dem Fritze zu haben ist völlig unangebracht!!

FRITZE

Ein wenig MITLEID ist schon angebracht. Herrjeee … ich hab' doch nicht genau auf
die Uhr geschaut und mir Zeit gelassen …

OFENGERÖSTETE KAROTTEN, ROTE BETE, LINSEN & KAROTTENGRÜN-PESTO

FÜR 3 PERSONEN

LINSEN
200 g braune Linsen, nach Packungsanleitung gekocht
½ rote Zwiebel, geschält & fein gewürfelt
2 EL Weißweinessig
3 EL Olivenöl
Meersalz & frisch gemahlener Pfeffer

Alle Zutaten miteinander vermischen und mit Meersalz & Pfeffer würzen.

OFENGEMÜSE
12 Karotten mit Karottengrün, gewaschen, geschält, Karottengrün 1–2 cm kurz geschnitten & für das Pesto beiseitegestellt
2 Rote Bete, geschält & in Spalten geschnitten
1 EL Agavendicksaft
Olivenöl
Meersalz & frisch gemahlener Pfeffer

Karotten & Rote Bete in eine ofenfeste Form geben, Agavendicksaft & Olivenöl darübergeben und mit Meersalz & Pfeffer würzen. Im vorgeheizten Ofen bei 200 Grad etwa 30 Minuten backen. Das Gemüse nach 15 Minuten wenden.

KAROTTENGRÜN-PESTO
Karottengrün der 12 Karotten (siehe oben), gewaschen & grob zerkleinert
3 Zweige Basilikum, gewaschen
75 g Mandeln, grob gehackt
75 g Parmesan, in Stücke geschnitten
1 EL frisch gepresster Zitronensaft
100 ml Wasser
10 EL Olivenöl
Meersalz & frisch gemahlener Pfeffer

Alle Zutaten in einem Mixer zu einem Pesto verarbeiten.

FINALE
Linsen auf einem großen Teller oder einer Platte anrichten, Karotten & Rote Bete drauflegen und zu guter Letzt das leckere Pesto darüber verteilen. Fertig ist ein Tip-Top-Resteessen!

FREILANDWARE GROSSES ANGEBOT:
Rhabarber, Spinat

FREILANDWARE GERINGES ANGEBOT:
Bataviasalat, Eichblattsalat, Eisbergsalat, Feldsalat, Kohlrabi,
Kopfsalat, Lauch, Lollo Rosso, Radieschen

LAGERWARE:
Kartoffeln, Karotten, Rotkohl,
Sellerieknollen, Weißkohl,
Spitzkohl, Zwiebeln

Pasta mit Rucola-Pesto
Babyspinat, Spiegelei, Joghurt & Harissa
Bulgur mit Lamm
Dal mit Spinat & Tomaten
Pasta mit Leber, Speck & Salbei
Schweinebauch mit grünem Spargel & Nudeln
Pho mit Tofu & Garnelen
Fondant au Chocolat

APRIL

2. APRIL

FRATZE: Preisfrage: Was hat Frank Sinatra mit Pesto zu tun?
FRITZE: Keine Ahnung. Du hörst es gerne, während du Pesto kochst und kreischst:
I DID IT MY WAYYYYY!
FRATZE: Nicht schlecht. Aber falsch!
FRITZE: Frank Sinatra hat dafür Werbung gemacht. Also für eine Pesto-Marke in den USA, und dadurch wurde Pesto weltberühmt.
FRATZE: Woher weißt du das?
FRITZE: Auch ich beherrsche eine simple Internetrecherche.

PASTA MIT RUCOLA-PESTO

FÜR 2 PERSONEN

100 g Rucola, gewaschen
50 g Pinienkerne
50 g Parmesan, frisch gerieben
1 Knoblauchzehe, geschält
1 TL frisch gepresster Zitronensaft
1 TL Zitronenabrieb
140 ml Olivenöl
150 g Linguine, nach Packungsanleitung al dente gekocht
Salz & frisch gemahlener Pfeffer

Rucola, Pinienkerne, Parmesan, Knoblauch, Zitronensaft & Zitronenabrieb und Olivenöl in einem Mixer pürieren. Mit Salz & Pfeffer abschmecken. Pesto mit den heißen Nudeln vermischen und auf Tellern anrichten. Wir haben noch geriebenen Parmesan, Rucola & Pinienkerne untergemischt.

4. APRIL

Heute machen wir nichts. Gar nichts. Wir liegen nur im Bett, essen im Bett, schauen Serien im Bett, duschen nicht, ziehen uns nicht an, melden uns bei niemandem und bekommen viereckige Augen. Als Erstes in unser Bett geschafft hat es dieses Schmäuschen:

BABYSPINAT, SPIEGELEI, JOGHURT & HARISSA

FÜR 2 MENSCHENKINDER

2 Eier
200 g Babyspinat, gewaschen
250 g griechischer Joghurt
2 TL Harissa
Olivenöl zum Anbraten
Meersalz & frisch gemahlener Pfeffer

Olivenöl in einer Pfanne erhitzen, die Eier am Rand der Pfanne »aufschlagen«, in die Pfanne geben, Hitze reduzieren & salzen (aber nur das Eiweiß, denn Salz verfärbt das Eigelb, und wir sind ja Ess-Ästheten). Fertig ist das Spiegelei, wenn das Eiweiß fest, das Eigelb aber noch flüssig ist. Babyspinat auf zwei Tellern verteilen, jeweils ein Spiegelei darauflegen, Joghurt und Harissa dazugeben und pfeffern. Gesund & lecker!

5. APRIL

FRITZE

HALLLOOO! Es ist gerade sehr laut bei uns, denn wir feiern Ostern mit Freunden. Ich habe mich in die Küche zurückgezogen, weil ich die End-Regie für den Hauptgang übernehmen darf/muss. Fratze hat keine Lust mehr. Das passiert öfter, wenn die Küche im Chaos versinkt und es tricky wird. Sollte das Lamm nicht rosé sein, wäre das ja ein Weltuntergang. Deswegen koche ich nun vergnügt vor mich hin und habe ein Essen gezaubert, das mir mal jemand nachmachen soll. Das Lamm ist so perfekt gegart, dass ich vor Freude und Stolz laut juchhuchzen könnte. Deshalb mache ich jetzt mal Fotos für euch! Habt es auch herrlich! Und HAPPY EASTEREGG!

BULGUR MIT LAMM

FÜR 6 PERSONEN

6 Lammfilets
150 g grüne Oliven, entkernt & fein geschnitten
90 g Mandeln, grob gehackt
Zesten von ½ Orange
20 Minzblätter, gewaschen & in feine Streifen geschnitten
½ Bund glatte Petersilie, gewaschen & gehackt
600 g Bulgur, nach Packungsanleitung gekocht
Saft von 1 Zitrone
2 EL Agavendicksaft
Olivenöl zum Anbraten
Meersalz & frisch gemahlener Pfeffer

Olivenöl in einer Pfanne erhitzen und das Lammfilet von beiden Seiten jeweils 2 Minuten scharf anbraten. Lamm aus der Pfanne nehmen, in böseböse Alufolie wickeln und 5 Minuten ruhen lassen. Oliven, gehackte Mandeln, Orangenzesten, Minze und Petersilie unter den warmen Bulgur mischen. In einer kleinen Schüssel Zitronensaft, 3 EL Olivenöl und 2 EL Agavendicksaft zusammenrühren, salzen & pfeffern und mit dem Bulgur mischen. Nach 5 Minuten das Lamm auspacken und salzen & pfeffern. Lamm in Scheiben schneiden. Bulgur auf Tellern verteilen und das Lamm darauflegen. Ich muss nicht erwähnen, dass das Essen gut ankam?

FRITZE & FRATZES TIPP: Griechischer Joghurt passt prächtig dazu!

11. APRIL

FRITZE: *Ich streike. Du putzt, und ich koche mal.*
FRATZE: *Wieso denn das? Mir macht Putzen keinen Spaß.*
FRITZE: *Meinst du mir?*
FRATZE: *Ne. Aber dir ist es egaler. Mich macht das schlimm traurig. Außerdem bist du noch in der Lernphase. Ich bin ausgelernt und darf drum Spaß haben.*
FRITZE: *Du spinnst wohl. Zackig an den Putzlappen, Fratzi.*
FRATZE: *DU musst Wiedergutmachung leisten!*
FRITZE: *Heute nicht.*

FRITZE
Liebe Leute. Ich habe mich durchgesetzt und nachfolgendes Essen gekocht. Herrlich war das. Fratze hat geflucht, sich dann aber in ihr Schicksal gefügt.

DAL MIT SPINAT & TOMATEN

FÜR 4 PERSONEN

400 g rote Linsen, gewaschen
1 EL frischer Ingwer, fein gewürfelt
1 Bund Koriander, gewaschen, Stängel & Blätter getrennt & gehackt
1x Dose Kokosnussmilch (400 ml)
1x Dosentomaten (400 g)
800 ml Wasser
2 TL gemahlener Kurkuma
2 TL gemahlener Kreuzkümmel
2 TL gemahlener Koriander
2 TL Garam Masala
1–2 rote Chilischoten, gewaschen, Stiele entfernt & fein gehackt (Menge und Kerne
je nach Schärfewunsch)
1 EL Weißweinessig
Saft von 1 Limette
200 g Babyspinat, gewaschen
4 Frühlingszwiebeln, gewaschen, Enden entfernt & in feine Röllchen geschnitten
Pflanzenöl zum Anbraten
Salz

Linsen, Ingwer, Korianderstängel, Kokosnussmilch, Dosentomaten und Wasser
eine halbe Stunde bei mittlerer Hitze köcheln lassen. Währenddessen eine Pfanne
heiß werden lassen und die Gewürze & Chilis in ausreichend Pflanzenöl nicht
mehr als 10–20 Sekunden anbraten. Das Gewürz-Chili-Gemisch, Weißweinessig &
Limettensaft zu den Linsen geben und mit einem Pürierstab pürieren. Probieren,
salzen und eventuell mit Gewürzen und Limettensaft nachjustieren. *Man merke
sich: Je älter die Gewürze sind, desto mehr verlieren sie an Aroma. Eigentlich sollte
man Gewürze nach dem Öffnen nicht länger als 3 Monate benutzen.*
Babyspinat untermischen, mit Koriander und Frühlingszwiebeln bestreuen.
Fertig ist der Oberleckerschmaus!

FRITZE & FRATZES BEILAGENTIPP: Brauner Basmatireis! Fisch würde auch gut
dazu passen.

13. APRIL

FRITZE

Fratze ist gerade in Berlin am Arbeiten. Ein wenig schön ist das durchaus. Ich kann machen, was ich will, kann Bier trinken, wann ich will, kann ungesunde Dinge essen, kann unordentlich sein, kann ausschlafen. Und viel Fleisch essen. Darum startet heute Tag 1 der Verfleischung. Wir beginnen mit LEBER. Ein wahrer Gräuel für meine Fratze. Während ich esse, schaue ich fern. Ein weiteres absolutes NO-GO in der fratzuianischen Welt.

FRATZE

Ich lach' mich schlapp. Dieser arme, arme Mann, der von mir unterdrückt wird. Aber nett, wenn er so tut, als sei ich eine abstinente Ordnungsfanatikerin. Ich lächle amüsiert und spaziere derweil durch Berlin. Tschüss mit üss.

Pasta mit Leber, Speck & Salbei

FÜR 4 PERSONEN

100 g Speck, in Würfel geschnitten
1 Zwiebel, geschält & fein gehackt
2 Knoblauchzehen, geschält & in feine Scheiben geschnitten
70 g Butter
300 g Kalbsleber, gewaschen, abgetupft & in ca. 2 cm große Stücke geschnitten
6 Salbeiblätter, gewaschen & fein gehackt
1–2 rote Chilischoten, gewaschen, Stiele entfernt & fein gewürfelt (Menge und Kerne je nach Schärfewunsch)
300 ml Cider (Cidre geht auch)
500 g Tagliatelle, Nudeln nach Packungsanleitung al dente gekocht
Olivenöl zum Anbraten
Meersalz & frisch gemahlener Pfeffer

Wenig Olivenöl in einer Pfanne erhitzen und den Speck darin anbraten. Zwiebel & Knoblauch dazugeben und braten, bis die Zwiebel goldbraun ist. Aus der Pfanne nehmen und beiseitestellen. Die Hälfte der Butter in einer Pfanne schmelzen und mit der gleichen Menge Olivenöl erhitzen. Die Leber etwa 3–4 Minuten von jeder Seite anbraten, Speck-Zwiebel-Knoblauch-Gemisch, Salbei & Chilis dazugeben und mit Cider ablöschen. Etwa 5 Minuten köcheln lassen, die restliche Butter untermischen, mit Meersalz & Pfeffer abschmecken und die Tagliatelle zu der Sauce geben. Alles gut vermischen und fertig ist das Schmause-Gericht.

22. APRIL

FRITZE
Hallo! Meine Verfleischung muss fortgeführt werden, bis gewisse Leute zurück-
kommen. Heute ist das oft verkannte Schweinefleisch an der Reihe. Genauer gesagt:
Schweinebauch. Uiiiii. Das wird lecker. Grunz!

SCHWEINEBAUCH MIT GRÜNEM SPARGEL & NUDELN

FÜR 3 PERSONEN

MARINADE
4–5 cm großes Stück Ingwer, geschält & fein gewürfelt
2 Knoblauchzehen, geschält & fein gehackt
Saft von 1 Limette
5 EL Hoisinsauce
3 EL Sojasauce
3 EL Reisessig
2 EL Agavendicksaft

STICKY PORK BELLY & CO
450 g Schweinebauch, in ca. 6 cm große Stücke geschnitten
6 Stangen grüner Spargel, gewaschen, untere Enden abgeschnitten & in 3 cm große
Stücke geschnitten
250 g Reisnudeln, nach Packungsanleitung gar gekocht
Sojasauce
8 Blätter Basilikum, gewaschen & grob gehackt
Pflanzenöl zum Anbraten

Für die Marinade alle Zutaten gut miteinander vermischen und den Schweinebauch
darin mindestens 1 Stunde einlegen, gerne auch länger. *In einem verschließbaren
Plastikbeutel vermischen sich die Aromen besonders gut.* Eine Auflaufform mit
Backpapier auslegen, den Schweinebauch aus der Marinade nehmen und in die
Form legen. Die Marinade nicht wegschütten! Das Fleisch bei 200 Grad ungefähr
20 Minuten in den Ofen schieben. Nach 10 Minuten wenden. Währenddessen
Pflanzenöl in einer Pfanne erhitzen, Spargel darin etwa 3 Minuten bissfest braten
und die gekochten Nudeln sowie die aufgehobene Marinade mit in die Pfanne
geben. Gut vermischen und mit Sojasauce abschmecken. Kurz vorm Servieren
das Basilikum untermischen. Spargel & Nudeln auf Tellern anrichten und ein paar
Stücke Schweinebauch oben drauflegen. Hohoho!

28. APRIL

FRITZE

*Die kleine Fratze kommt heute wieder nach Hause, und ich habe mich mächtig
ins Zeug gelegt. Das ganze Wochenende habe ich geputzt, sogar die Fenster, und
außerdem koche ich gerade eines ihrer Lieblingsessen: PHO-SUPPE, diesmal eine Tofu-
Garnelen-Variante. Wenn die Wohnung heute nicht »gut« ist, dann weiß ich auch
nicht weiter.*

FRATZE

*Huch. Krass. So sauber war es bei uns ja noch nie. Hat der Kerl etwa ein schlechtes
Gewissen? Aber ich will mich mal nicht beschweren und ernenne diesen Zustand zum
Standard, wenn ich von Reisen zurückkomme. Er kann also. HA! Die Suppe war der
Knüller!*

FREILANDWARE GROSSES ANGEBOT:
Auberginen, Kohlrabi, Lollo Rosso, Rhabarber, Spargel, Spinat

FREILANDWARE GERINGES ANGEBOT:
Äpfel, Bataviasalat, dicke Bohnen, Eichblattsalat,
Eisbergsalat, Erdbeeren, Kopfsalat, Mangold,
Radieschen, Rettich, Stangensellerie, Zwiebeln

LAGERWARE:
Kartoffeln

Mutabal
Flammkuchen mit grünem Spargel & Bärlauchsalsa
Grüner Spargel mit Ei & Trüffelöl
Pasta mit Linsenbolognese
Linsen-Moussaka
Frühlings-Pasta
Rhabarber-Tarte
Ceviche aus Jakobsmuscheln mit Kohlrabi-Kartoffelpüree

MAI

2. MAI

FRITZE & FRATZE

Schuhschachtel-Balkon-Bepflanzung stand heute auf unserem Programm! Klein, aber OHO, denn wir haben verschiedenste Kräuter, Tomaten, Erbsen, Erdbeeren, Paprikas und Blumen gepflanzt. Ganz zu schweigen von unserer Sukkulenten-Sammlung. Wo immer wir im Urlaub sind, nehmen wir Pflanzen mit, vorzugsweise Sukkulenten, und erweitern somit unsere Balkonpracht. Hübschigkeit, oder? Natürlich muss das Ganze dann auch noch vollends blühen – aber noch ist ja nicht Sommer. Und da es im Mai schon mal die erste Ladung Auberginen gibt in unseren Breitengraden (ne, ne, nicht auf unserem Balkon), wurde heute erstmalig in diesem Jahr auberginiert.
Lecker war es!

Mutabal

FÜR 4–6 PERSONEN

3 große Auberginen, gewaschen, Enden abgeschnitten & längs durchgeschnitten
3 Knoblauchzehen, geschält
Saft von ½ Zitrone
2 EL Tahin (Sesampaste)
1 TL geräuchertes, scharfes Parikapulver (Aus Spanien. Optional: Cayennepfeffer gemischt mit Paprikapulver.)
Olivenöl
Salz & frisch gemahlener Pfeffer

Die Auberginenhälften mit der Haut nach oben auf ein mit Backpapier ausgelegtes Backblech legen und im vorgeheizten Ofen bei 220 Grad 30 Minuten backen. Nicht erschrecken, die Haut darf, nein, muss sogar leicht verbrannt sein. Abkühlen lassen und, nachdem die Samenkörner grob entfernt sind, das Auberginenfleisch herauskratzen. Auberginenfleisch, Knoblauch, Zitronensaft, Tahin & 4 EL Olivenöl mit dem Pürierstab zu einer homogenen Masse verarbeiten. Mit Salz & Pfeffer abschmecken, eventuell mit Zitronensaft nachjustieren. Das fertige Mutabal auf eine Platte geben, etwas Olivenöl drüberträufeln, mit dem Paprikapulver bestreuen, und fertig ist die prächtige Paste. Aus Schönheitsgründen zieren Minzblätter unser Mutabal.

FRITZE & FRATZES BEILAGENTIPP: Getoastetes Fladenbrot!

3. MAI

FRATZE

Der Fritze hat mal am Anfang unserer Beziehung zu mir gesagt: »Ich würde gerne einen Tag in deinem Kopf verbringen. Da steigt bestimmt die fetteste Party mit Achterbahn und so.« Ich hab ihn nicht gefragt, warum nur einen Tag ...
Wenn zum Beispiel die Sonne scheint, dann denkt der Fritzi in seinem Kopf: »WOW. SONNEEEEEEEEEEEEEEEEEEEEEEEEEEEEEEEEEEEEEEEEEEEEEEEEEEEEEEEEEEE EEEEEEEEEEEEEEEEEEEEE.« Und in der gleichen Zeit denke ich: »Huch, Sonne. Seit wann die wohl schon da ist, wie lange die wohl noch da sein wird, wie das Wetter woanders ist, ob man sich 'nen Sonnenbrand holt, ob das mit der Erderwärmung zusammenhängt, ob man nicht ein Eis essen sollte, welches Café den schönsten Sonnenplatz bietet, ob ich wohl meine Sonnenbrille dabeihabe etc.« Und manchmal treffen da eben Welten aufeinander. Denn er ist von mir überfordert und ich durch ihn unterfordert und durch doppelt Denken-Müssen wiederum überfordert. Dafür ist er aber glücklich. Generell beobachte ich das bei Männern des öfteren. Diese etwas dümmere Glückseligkeit gepaart mit einer Selbstzufriedenheit und daraus resultierender Selbstüberschätzung.

FRITZE

Halleluja. Schnelligkeit und Pragmatismus werden hier gerne mit Intelligenz verwechselt. Ich freue mich schon auf den Tag, an dem sie hier ihre gesamte Frauen-Männer-Theorie offenlegt. Ich verrate nur so viel: Männer sollen aus allen verantwortungsvollen Ämtern, insbesondere der Politik, Wirtschaft etc. verschwinden und KOMPLETT durch Frauen ersetzt werden – somit wäre in Nullkommanix Weltfrieden hergestellt. Um den Weltfrieden in unserer Schuhschachtel nicht zu gefährden, putze ich nun mal ein wenig vor mich hin. Denn laut Fratze ist das ein absoluter Männerjob. Und sie? Ich denke, sie wird kochen und dann keine Kraft (Übersetzung: Lust) mehr fürs Aufräumen haben.

NACHTRAG FRITZE

Wie ich es gesagt habe, bei Fratze herrscht das Motto: Erst das Vergnügen und dann das Vergnügen. Sie hat oberleckerste Spargel-Bärlauchsalsa-Flammkuchen gezaubert, aber die Küche war eine einzige Katastrophe ...

FLAMMKUCHEN MIT GRÜNEM SPARGEL & BÄRLAUCHSALSA

FÜR 2 PERSONEN

TEIG
250 g Mehl
125 ml kaltes Wasser
2 EL Olivenöl
1 Prise Salz

BELAG
300 ml saure Sahne
2 rote Zwiebeln, geschält & in feine Halbringe geschnitten
300 g dünner grüner Spargel, gewaschen, Enden abgeschnitten & in 2–3 cm große
Stücke geschnitten
5 eingelegte getrocknete Tomaten, in Streifen geschnitten

BÄRLAUCHSALSA
100 g Bärlauch, gewaschen
100 ml Olivenöl
Abrieb von ½ Zitrone
Saft von ½ Zitrone
2 TL Agavendicksaft
Salz & frisch gemahlener Pfeffer

Alle Teigzutaten gut durchkneten, bis ein glatter Teig entstanden ist. Den Teig in 2 Portionen teilen und auf einer bemehlten Arbeitsfläche sehr dünn ausrollen, mit
saurer Sahne bestreichen, etwas mit Salz & Pfeffer würzen und mit Zwiebeln & Spargel
belegen. Im vorgeheizten Ofen ca. 20–30 Minuten bei 200 Grad knusprig backen.
Für die Salsa alle Zutaten in einem Mixer pürieren und mit Salz & Pfeffer abschmecken. Wenn der Flammkuchen fertig ist, die eingelegten Tomaten darüber
verteilen und mit der Bärlauchsalsa beträufeln.
(Und während wir essen, denkt das Fritzchen »BOAHHHHHH LECKKKKEEEEEE
EEEEEEEEEEEEEEEEEEEEEEEEEEEEEEEEEER«, und Fratze denkt »Hui. Wie lecker.
Ob das wohl schon jemand genau so gegessen hat, ob das Biogemüse auch wirklich
Bio ist, ob man es irgendwie verbessern könnte usw. ...«)

4. MAI

FRITZE
Fratze will nicht heiraten und ich eigentlich auch nicht. Aber vor allem nicht, weil ich ihr mal einen Antrag gemacht habe, der ihr nicht schön und angemessen genug war. Da wir aber ohnehin finden, dass Heiraten ziemlich anstrengend und überflüssig ist, heiraten wir halt nicht. Wie ich darauf komme? Dieses Frühstück ist heiratswürdig.

FRATZE
Der Heiratsantrag war folgendermaßen: Sturzbetrunken mitten in der Nacht in Sydney hat er mir einen Antrag gemacht. Ich glaube, er musste die Worte sogar wiederholen, weil er so gelallt hat. Und gerade 2 Monate davor ist er für 13 Monate zum Arbeiten nach Sydney abgehauen, ohne das wirklich mit mir abgesprochen zu haben. Und Heiraten ist langweilig. Ich möchte lieber mein Leben lang verlobt sein, das ist nicht so einengend und 'ne Verlobungsparty kann man ja auch machen. Außerdem könnte ich ja auch den Fritze fragen. Wo leben wir denn? Im 18. Jahrhundert?

GRÜNER SPARGEL MIT EI & TRÜFFELÖL

FÜR 1 FRITZE

8 dünne grüne Spargel, gewaschen & untere Enden abgeschnitten
1 Ei, weich gekocht
1 Frühlingszwiebel, gewaschen & in Röllchen geschnitten
1 EL Kapern, fein gehackt
2 Cornichons, fein gewürfelt
1 EL Trüffelöl
Olivenöl zum Anbraten
Meersalz & frisch gemahlener Pfeffer

Olivenöl in einer Pfanne erhitzen und den Spargel darin 2–3 Minuten bissfest braten. Ein weich gekochtes Ei mit kaltem Wasser abschrecken und schälen. Den gebratenen Spargel auf einem Teller anrichten, das Ei darauflegen, Frühlingszwiebeln, Kapern & Cornichons drüberstreuen, salzen & pfeffern und zum Abschluss das Trüffelöl darüberträufeln. HA!

9. MAI

FRITZE

Als fleischiger Verfechter muss ich zugeben, dass diese Linsenbolognese durchaus mit ihrem Hack-Bruder mithalten kann. Heute gab es eine neue, fratzuianische Variante des »Miteinander-Kochens«: Sie saß am Küchentisch und hatte schon eifrig Weißwein getrunken, dabei DJane gespielt und Anweisungen erteilt. Und da sie ordentlich gebechert hatte, war es mir eine große, kindische Freude, nicht alles genau so zu machen, wie sie es mir befahl. Mit dem Ergebnis war sie dann trotzdem höchst zufrieden.

FRATZE
Pffffffffff ZWERGENAUFSTAND!

Pasta mit Linsenbolognese

FÜR 4 PERSONEN

1 große Zwiebel, geschält & fein gewürfelt
2 Knoblauchzehen, geschält & zerdrückt
1 Karotte, geschält & sehr klein gewürfelt
1 Stange Staudensellerie, gewaschen, Enden entfernt & sehr fein gewürfelt
3 Lorbeerblätter
2x Dosen gehackte Tomaten (à 400 g)
100 g Tomatenmark
1 TL Zucker
600 ml Wasser
200 g braune Linsen, nach Packungsanleitung gar gekocht
Thymianblätter von 4 Zweiglein, gewaschen & abgezupft
500 g Linguine, nach Packungsanleitung al dente gekocht
(60 g Parmesan, frisch gerieben – für NICHT-VEGANER)
2 Handvoll Basilikumblätter, gewaschen
Olivenöl zum Anbraten
Salz & frisch gemahlener Pfeffer

Olivenöl in einer Pfanne erhitzen und Zwiebel & Knoblauch darin gülden braten. Karotte & Staudensellerie hinzugeben und etwa 3 Minuten weiterbraten. Lorbeerblätter, Dosentomaten, Tomatenmark, Zucker & Wasser mit in die Pfanne geben und bei mittlerer Hitze 20 Minuten köcheln lassen. Gekochte Linsen & Thymian beigeben, weitere 5 Minuten kochen und mit Salz & Pfeffer abschmecken. Sollte die Sauce zu sehr einkochen, ist es empfehlenswert, noch etwas Nudelwasser dazuzugeben. Linguine & Linsenbolognese auf Tellern anrichten, für »Nicht-Veganer« mit geriebenem Parmesan bestreuen und mit Basilikum garnieren.

10. MAI

Das sind Dinge, die wir sehr mögen: eine doppelte Portion Linsenbolognese kochen und am nächsten Tag weiterverwerten zu einer Linsen-Moussaka. Man weiß gar nicht, ob die Linsenbolognese oder die Moussaka besser ist. Njamm njamm njamm.

LINSEN-MOUSSAKA

FÜR 4 PERSONEN

Linsenbolognese siehe Rezept S. 101
3 große Auberginen, gewaschen, Enden entfernt & in Längsscheiben geschnitten
250 g Feta, gewürfelt
80 g Parmesan, frisch gerieben
Olivenöl zum Anbraten
Salz & frisch gemahlener Pfeffer

Olivenöl in einer Pfanne erhitzen und die Auberginenscheiben nach und nach von beiden Seiten goldbraun braten. Mit Küchenpapier abtupfen, damit es nicht eine allzu ölige Veranstaltung wird. Salzen & pfeffern. In einer großen Auflaufform folgendermaßen schichten: erst Linsenbolognese, dann Auberginen, danach Feta & darüber wieder Linsenbolognese etc. Bei 180 Grad 25 Minuten im Ofen backen. Zum Schluss: Feta & Parmesan darüberstreuen und weitere 10 Minuten backen.

16. MAI

Jawohl. Durchschaut. Wir sind Spargel-Süchtige. Und aus unerfindlichen Gründen gibt es in England nur grünen Spargel zu kaufen. Fast ein Grund wieder wegzuziehen. Janu. Notgedrungen haben wir uns mit dem Grünen angefreundet. Ihr glücklichen Menschenkinder könnt aber natürlich auch weißen Spargel verwenden.

FRÜHLINGS-PASTA

FÜR 4 PERSONEN

1 rote Zwiebel, geschält & fein gewürfelt
Abrieb von ½ Zitrone
300 g grüner Spargel, gewaschen & untere Enden abgeschnitten
150 ml Wasser
500 g junge Tiefkühlerbsen, aufgetaut
100 g Ziegenfrischkäse
3 Knoblauchzehen, geschält & zerdrückt
500 g Conchiglie, nach Packungsanleitung al dente gekocht
3 Zweige Thymian, gewaschen & Blätter abgezupft
Saft von ½ Zitrone
200 g Ziegenfrischkäserolle, gewürfelt
1 Handvoll Parmesan, frisch gerieben
Olivenöl zum Anbraten
Meersalz & frisch gemahlener Pfeffer

Olivenöl in einer Pfanne erhitzen und darin Zwiebel & Zitronenabrieb kurz anbraten, den Spargel dazugeben und ca. 3 Minuten mitbraten. Mit 150 ml Wasser ablöschen, Erbsen dazugeben und erhitzen, bis die Erbsen ebenfalls warm sind. Ziegenfrischkäse & Knoblauch unterrühren, eventuell noch etwas vom Nudelwasser dazugeben. Gemüsesauce in einer großen Schale mit der Pasta vermischen. Thymian, Zitronensaft, Ziegenfrischkäserolle und Parmesan unterheben. Würzen!

17. MAI

FRITZE & FRATZE
Let's talk about Tod. Ihr denkt: »Jetzt reicht's aber. Wir haben uns doch ein Kochbuch gekauft?« Tzja. Falsch gedacht. Denn Essen bedeutet Leben, und Leben endet nun mal mit dem Tod. Also. Unser perfekter Tod sähe folgendermaßen aus: Fratze 82 & Fritze 85 sind noch topfit, neugierig und umreisen die ganze Welt. Sehr glücklich und voll mit Leben und Erlebtem schlafen sie auf dem Rückflug aneinandergekuschelt ein und merken gar nichts von dem Absturz, der ihr gemeinsames Leben auf wundersame Weise beendet. FERTIG!
Und davor haben wir wahrscheinlich gerade diese traumhafte Tarte gegessen.
(Räusper. Sehr schlechte Überleitung.)

Rhabarber-Tarte

FÜR 1 TARTE

TEIG
250 g Mehl
1 Prise Salz
100 g Puderzucker
125 g kalte Butter, klein geschnitten
2 Eigelb
2 EL kaltes Wasser
Butter & Mehl für die Springform
Linsen oder Backerbsen zum Blindbacken

Alle Zutaten mit den Händen kneten, bis ein glatter Teig entstanden ist. Zu einer Kugel formen und in Folie eingewickelt 30 Minuten in den Kühlschrank legen. Den Teig auf einer bemehlten Fläche ausrollen und in eine mit Butter eingefettete und bemehlte Tarte-Form befördern. Mit einer Gabel viele kleine Löchelchen in den Boden stechen. Im vorgeheizten Ofen bei 180 Grad 10 Minuten »blindbacken«, means: Mit Backpapier abdecken und entweder mit Backerbsen oder Linsen bedecken. *Das verhindert das ungewollte Aufgehen des Teiges.*
Backpapier, Backerbsen oder Linsen entfernen und weitere 10 Minuten backen.

PUDDING-FÜLLUNG
250 ml Vollmilch
150 ml Sahne
120 g Puderzucker
2 Eier
1 Eigelb
3 dicke Stangen Rhabarber, gewaschen, Enden abgeschnitten & in Längsstreifen geschnitten

Die Backofentemperatur auf 160 Grad reduzieren. Milch, Sahne, Puderzucker, Eier und das Eigelb miteinander verquirlen. Den Rhabarber gegebenenfalls kürzen und hübsch in die Teig-Backform legen, das Eiergemisch darübergießen und entweder seeeeehr vorsichtig auf ein Backblech befördern oder direkt auf dem Backblech in die Form füllen – vielleicht die bessere Variante! 20–25 Minuten backen, aus dem Backofen nehmen und 15 Minuten ruhen lassen. Keine Sorge, wenn der Pudding noch nicht ganz fest ist. Das wird er erst beim Abkühlen.

FRITZE & FRATZES TIPP: Wenn Puddingmasse (& Rhabarber) übrig bleiben, einfach in einem Topf aufkochen, ruhen lassen und fertig ist ein herrlicher (Rhabarber-)Pudding.

23. MAI

FRITZE

Ahhhhh! Mann und Frau als Paar ist manchmal nicht so wunderbar.
Es ist wirklich blöd, dass ich diese Fratze liebe, aber einfacher macht sie mir mein
Leben wahrhaftig nicht. Heute mitten in einer Besprechung bekomme ich einen
Notruf. Und zwar: Fratze liegt halb unter unserem Bücherregal vergraben. Warum?
Sie wollte mal wieder Möbel umstellen. Und statt bis abends zu warten, hat sie mir
angekündigt, schon mal selbst anzufangen, sprich alle Bücher auszuräumen. Prima
Idee. Aber dann hat sie sich am Regal selbst zu schaffen gemacht. Also »entschrauben«
etc. Man muss dazu sagen: Das Regal ist ein Wandregal, ergo ist es KEINE gute
Idee, einfach alle Schrauben zu entfernen. Auf jeden Fall musste ich um 15 Uhr
nach Hause eilen, um dann eine völlig aufgelöste, etwas kleinlaute Fratze unter dem
Regal hervorzuholen. Weitere 5 Stunden später hing das Regal wieder. Während ich
geschuftet habe, hat sie immerhin fürstlich gekocht.

CEVICHE AUS JAKOBSMUSCHELN MIT KOHLRABI-KARTOFFELPÜREE

FÜR 2 PERSONEN

CEVICHE
8 Jakobsmuscheln ohne Schale, gegebenenfalls Rogen entfernt, gewaschen & trocken getupft
Saft von 4 Zitronen
Saft von 1 Orange
8 längliche Radieschen, gewaschen, Enden abgeschnitten & in Längsscheiben geschnitten
1 kleine rote Zwiebel, geschält & in feine Halbringe geschnitten
¼ Bund Koriander, gewaschen & gehackt
10 Blätter Minze, gewaschen & in feine Streifen geschnitten
Meersalz & frisch gemahlener Pfeffer

Die Jakobsmuscheln längs halbieren und in eine nicht oxidierende Schüssel geben, Zitronen- und Orangensaft dazugießen – die Jakobsmuscheln sollten vollkommen bedeckt sein. Vorsichtig Radieschen, Zwiebel, Koriander & Minze unterheben und mit Meersalz & Pfeffer würzen. Abgedeckt mindestens 2 Stunden in den Kühlschrank stellen.

KOHLRABI-KARTOFFELPÜREE
1 großer Kohlrabi (ca. 250 g), geschält & in kleine Stücke geschnitten
1 große Kartoffel (ca. 250 g), geschält & in kleine Stücke geschnitten
50 ml Milch
2 EL Olivenöl
Meersalz & frisch gemahlener Pfeffer

Kohlrabi & Kartoffel 15–20 Minuten gar kochen, Wasser abgießen, Milch und Olivenöl zufügen, mit einem Kartoffelstampfer pürieren und mit Salz & Pfeffer abschmecken. Das Püree auf zwei Tellern anrichten und darauf das aus dem Sud befreite Ceviche verteilen.

FREILANDWARE GROSSES ANGEBOT:

Bataviasalat, dicke Bohnen, Brombeeren, Eichblattsalat, Eisbergsalat, Erdbeeren, Heidelbeeren, Himbeeren, Johannisbeeren, süße Kirschen, Kohlrabi, Kopfsalat, Lollo Rosso, Mais, Mangold, Radieschen, Rettich, Rhabarber, Spargel, Stachelbeeren

FREILANDWARE GERINGES ANGEBOT:

Äpfel, Auberginen, Blumenkohl, grüne Bohnen, Brokkoli, Endivie, Erbsen, Gurken, Kartoffeln, Karotten, Spinat, Stangensellerie, Tomaten, Wirsing, Zucchini, Zwiebeln

Tajine mit Huhn, Oliven & Zitronen

Regenbogen-Sommerrollen & Erdnusssauce

Grüne Spargelquiche

Wassermelone mit Feta & Minze

Grünes Fisch-Curry

Salat mit Rinderfilet, Kartoffeln & Radieschen

Ginger-Tofu-Stir-Fry

Super-Smoothie

Mangold-Walnuss-Pasta

JUNI

3. JUNI

FRITZE

Fratze auf Drogen? Fratze liegt seit meiner Heimkehr von der Arbeit auf dem Sofa mit Blickrichtung zum Fenster und schaut sich den Himmel an. Zugegeben, der Himmel ist heute sehr schön und verändert sich alle 10 Minuten, aber Fratze ist komplett aus dem Häuschen. Schaut sie sich das erste Mal den Sonnenuntergang hier an? Moment mal. ES KREISCHT.

FRATZE: Friiiiitz, Friiiiitze, Friiiiiiiiiiiitz. Schnell. Der Wahnsinn. Komm schnelll. Schnelller!
FRITZE: Ja?
FRATZE: Schau mal. Ein heller Schweif.
FRITZE: Ja. Ein Flugzeug.
FRATZE: Ah, echt? Das ist ja krass.

FRITZE

So sind heute unsere Gespräche. Fratze glaubt, dass William Turner im Himmel malt. Und als es düster wurde und die Wolken ganz weg waren, war ihr klar, dass Turner alles mit einem Schwamm weggewischt hat. Als es dunkel wurde, hat er wohl das Licht in seinem Atelier ausgemacht. Um 22:07 Uhr konnten wir dann auch endlich essen.

TAJINE MIT HUHN, OLIVEN & ZITRONEN

FÜR 4–6 PERSONEN

2 rote Zwiebeln, geschält & geachtelt
4 Knoblauchzehen, geschält & in feine Scheiben geschnitten
1 ganzes Huhn, ausgenommen, gewaschen, trocken getupft & in Stücke zerteilt
500 ml Hühnerbrühe

100 ml trockener Weißwein
1 TL Safranfäden, im Mörser zerstoßen
2 TL gemahlener Kreuzkümmel
2 TL gemahlener Ingwer
400 g Cocktailtomaten, gewaschen & gehälftet
1 Zitrone, gewaschen & in sehr feine Scheiben geschnitten
4 große Karotten, geschält & in ca. 1 cm dicke Scheiben geschnitten
100 g grüne Oliven, entkernt
6 große Kartoffeln, geschält & als Salzkartoffeln gekocht
½ Bund Koriander, gewaschen & gehackt
Olivenöl zum Anbraten
Salz & frisch gemahlener Pfeffer

Zwiebeln und Knoblauch in einem großen Bräter (oder gusseisernen Topf)
in Olivenöl glasig braten. Herausnehmen, eventuell noch Öl hinzufügen, und
nacheinander die Hühnerstücke darin knusprig braten. Wenn alles angebraten
ist, die Hühnchenteile, Zwiebeln & Knoblauch wieder zurück in den Bräter geben
und mit Hühnerbrühe & Weißwein ablöschen. Safran, gemahlenen Kreuzkümmel,
gemahlenen Ingwer & Cocktailtomaten hinzufügen und bei mittlerer Hitze
etwa 2 Stunden abgedeckt köcheln lassen. Dann Zitronenscheiben, Karotten &
Oliven dazugeben und weitere 30 Minuten abgedeckt bei geringer Hitze fertig
garen. Kartoffeln, Huhn & Co auf Tellern anrichten und mit Koriander bestreuen.
Yummylicious!!!!

6. JUNI

FRATZE

Fritze ist ein Sommerrollen-Künstler. Während bei mir alles aus allen Seiten quatscht und matscht (hui, hübsche Wortkreation), sind es bei ihm Kunstwerke. Vielleicht dauert es etwas. Aber ich habe in unserer Beziehung gelernt: Schönheit hat ihren Preis. Und dieser heißt: Zeit. Darum bin ich nicht mehr so blöd und mache sie selber, sondern bewundere mein Fritzchen beim Skulpturieren. Die Erdnussbuttersauce ist von mir und eine Wucht. Wohl bekomm's. Und grämt euch nicht, wenn sie nicht so hübsch werden wie beim Fritze. Der ist ein Nerd!

17. JUNI

FRATZE

Habe ich euch schon die schönste Geschichte aus Fritzes Kindheit erzählt? Im Alter von 7–10 Jahren wollte er Koch werden, und immer, wenn er von der Schule nach Hause kam, hat er sich in die Küche gestellt und gekocht oder gebacken. Und nicht etwa einfache Kindergerichte, NEIN, Windbeutel, Königsberger Klopse & Braten mit Klößen zum Beispiel. Zum Verlieben, wenn ich nicht eh schon verliebt wäre. Um da mithalten zu können, habe ich ein thailändisches Fischcurry gekocht. Auch zum Verlieben!

GRÜNES FISCH-CURRY

FÜR 4 PERSONEN

GRÜNE CURRY-PASTE
2 grüne Chilischoten, gewaschen, Stiele entfernt & grob gehackt (Menge und Kerne je nach Schärfewunsch)
1 rote Zwiebel, geschält & grob gewürfelt
3 Knoblauchzehen, geschält
4–5 cm großes Stück Ingwer, geschält & grob zerkleinert
4–5 cm großes Stück Galgant, geschält & grob zerkleinert
½ Bund frischer Koriander, gewaschen & grob gehackt (auch die Stängel)
10 Blätter Thai-Basilikum, gewaschen
Saft von 1 Limette
Abrieb von 1 Limette
2 Stängel Zitronengras, gewaschen & grob gehackt
8 Kaffirblätter, gewaschen
1 TL gemahlener Kreuzkümmel
2 EL Fischsauce
3 TL Pflanzenöl

Alle Zutaten in einem Mixer zu einer Paste verarbeiten.

FISCH & GEMÜSE
1x Dose Kokosnussmilch (400 ml)
200 ml Wasser
10 Cocktailtomaten, gewaschen & halbiert
5 Thai-Auberginen, gewaschen, Enden entfernt & geviertelt
600 g Kabeljaufilet, gewaschen, trocken getupft & in 2 cm große Stücke geschnitten
200 g Zuckerschoten, gewaschen
Fischsauce
¼ Bund Koriander, gewaschen & gehackt
5 Blätter Thai-Basilikum, gewaschen & in feine Streifen geschnitten
Pflanzenöl zum Anbraten

Etwas Pflanzenöl in einer Pfanne erhitzen und die Paste darin 2 Minuten unter ständigem Rühren braten. Mit Kokosnussmilch & Wasser ablöschen, Cocktailtomaten & Thai-Auberginen dazugeben und bei mittlerer Hitze etwa 5 Minuten kochen. Den Fisch hinzufügen und weitere 2 Minuten köcheln lassen. Die Zuckerschoten untermischen, mit Fischsauce abschmecken (Fischsauce = das Salz), in Schüsseln füllen und mit Koriander & Thai-Basilikum bestreuen.

FRITZE & FRATZES BEILAGENTIPP: Jasminreis oder Reisbandnudeln!

19. JUNI

FRATZE
TOP 7 LIEDER ZUM KOCHEN

Die Songs haben nichts mit Kochen zu tun, aber ich höre sie dabei oft, darum sind es meine ganz persönlichen Kochlieder:

1. *»Voir un ami pleurer«* Jacques Brel
2. *»So hab ich Dich bei mir«* Maike Rosa Vogel
3. *»Reckoning Song (One day)«* Asaf Avidan – die Live-Akkustik-Version
4. *»Cello Concerto No. 1 Adagio«* Haydn/Jacqueline du Pré
5. *»To be loved«* Joan as Policewoman
6. *»All the world is green«* Tom Waits
7. *»You are always on my mind«* Keaton Henson

FRITZE
Es tobt mal wieder musikalisch die gute Laune bei uns ... Ich frage mich, wie man bei solch einer Trauerkloß-Musik so ein freudiges Essen zubereiten kann. Perfekt gebratenes Rinderfilet (das geht allerdings auf mein Konto), eine tolle Marinade und, was wirklich erstaunlich und sehr lecker ist: angebratene Radieschen. Schon roh eine Freude, werden sie angebraten zu einem ganz neuen Gemüse, erinnern ein wenig an Kohlrabi und natürlich an Radieschen, aber dennoch anders. Ein Prachtessen war das heute!

SALAT MIT RINDERFILET, KARTOFFELN & RADIESCHEN

FÜR 2 PERSONEN

SALAT
100 g gemischte Salatblätter (Rucola, Babyspinat & Wasserkresse), gewaschen

VINAIGRETTE
1 EL weißer Balsamicoessig
½ TL Agavendicksaft
½ TL Senf
1 Knoblauchzehe, geschält, gewürfelt, mit Salz bedeckt & mit der Messerspitze zerdrückt
2 EL Olivenöl
Meersalz & frisch gemahlener Pfeffer

Alle Zutaten miteinander verquirlen, salzen & pfeffern und kurz vor dem Servieren mit dem Salat vermengen.

MARINADE

1 **Schalotte**, geschält & gewürfelt
½ **Bund glatte Petersilie**, gewaschen & mit den Stielen grob gehackt
½ **Bund Koriander**, gewaschen & mit den Stielen grob gehackt
2 **EL Oreganoblättchen**, gewaschen
Saft von ½ Zitrone
Abrieb von ½ Zitrone
2 **Knoblauchzehen**, geschält
120 ml Olivenöl
Meersalz & frisch gemahlener Pfeffer

FLEISCH & GEMÜSE

2 **Rinderfilets**, gewaschen & trocken getupft
8 **kleine Kartoffeln**, als Pellkartoffeln gekocht & mit der Schale gehälftet
10 **Radieschen**, gewaschen, Grünzeug bis auf 1 cm abgeschnitten & gehälftet
Olivenöl zum Anbraten
Meersalz & frisch gemahlener Pfeffer

Alle Zutaten der Marinade in einem Mixer zu einer dickflüssigen Sauce verarbeiten, salzen & pfeffern und die Rinderfilets mit ¾ der Marinade mindestens 1–2 Stunden einlegen.

FRITZE & FRATZES TIPP: In einem verschließbaren Plastikbeutel vermengen sich die Aromen besonders fein.

HOW TO PREPARE DAS PERFEKTE RINDERFILET: Die Rinderstücke aus der Marinade nehmen bzw. grob abreiben. *Die Marinade nicht wegwerfen.* Eine Pfanne mit Olivenöl heiß werden lassen, die Filets hineingeben und 3 Minuten in Ruhe brutzeln lassen, wenden, von der anderen Seite ebenfalls 3 Minuten anbraten und dann 6 Minuten in dem auf 160 Grad vorgeheizten Backofen fertig garen. *Nicht in der Pfanne, sondern vorher auf ein Backblech befördern!* Danach 5 Minuten in Alufolie einwickeln, damit sich die Säfte sammeln. Wir müssen zugeben, dass wir dieses Mal die Filets 8 Minuten im Ofen gelassen und nicht in Alufolie eingepackt haben. Wir besitzen seit Neuestem keine Alufolie mehr, weil sie so eine große Umweltsünde darstellt. Aber das ist ein anderes Thema.

In der Zwischenzeit Olivenöl in einer Pfanne erhitzen und die Kartoffelhälften von beiden Seiten darin knusprig braten. 3 Minuten vor dem Knusprigkeitshöhepunkt die Radieschen beigeben und ebenfalls von beiden Seiten anbraten.
»Angemachten« Salat auf die Teller verteilen, Kartoffeln & Radieschen dazugeben mit dem aufgeschnittenen Super-Fleisch bedecken, und, wenn man möchte, mit der aufgehobenen Marinade beträufeln. So ein Yummy-Lecker-Mampf!

22. JUNI

FRITZE & FRATZE

Last time Spargel. Auf Wiedersehen, du unser geliebtes Stängchen. Wir sehen uns nächstes Jahr wieder! Mit Tränen (und Sojasauce) gesalzen kreierten wir diesen Stir Fry zum Abschied. Schnief!

GINGER-TOFU-STIR-FRY

FÜR 4 PERSONEN

SAUCE
3 Knoblauchzehen, geschält
3 EL Ingwer, frisch gerieben
2 EL Agavendicksaft
120 ml Sojasauce
60 ml Wasser
60 ml Reisessig
60 ml Pflanzenöl

Alle Zutaten in einem Mixer pürieren.

NUDELN
250 g Tofu, mit Küchenpapier abgetrocknet & gewürfelt
400 g grüner Spargel, gewaschen, untere Enden entfernt & in 2–3 cm große Stücke geschnitten
3 Karotten, geschält & in Julienne geschnitten
1 rote Chilischote, gewaschen, Stiel entfernt & in Röllchen geschnitten
250 g Reisbandnudeln, nach Packungsanleitung gar gekocht
Sojasauce
15 Blätter Minze, gewaschen & in feine Streifen geschnitten
3 Frühlingszwiebeln, gewaschen, Enden entfernt & in feine Röllchen geschnitten
Pflanzenöl zum Anbraten

Pflanzenöl in einer Pfanne erhitzen und den Tofu darin von allen Seiten kross braten. ¼ der Sauce hinzufügen, Hitze reduzieren und den Tofu darin glasieren, bis die Sauce komplett reduziert ist. Beiseitestellen. Die Pfanne erneut erhitzen und den Spargel darin mit ¼ der Sauce braten. Wenn der Spargel bissfest ist, die Karotten & Chilischote etwa 1 Minute dazugeben. In einer Schüssel die gekochten Nudeln mit der restlichen Sauce vermengen, das angebratene Gemüse und den Tofu dazugeben, mit Sojasauce abschmecken, auf Tellern anrichten und mit Minze & Frühlingszwiebeln bestreuen.

Für NICHT-VEGANER: Fischsauce statt Sojasauce zum Salzen ist auch sehr lecker!

24. JUNI

FRATZE

An jeder Ecke, ob in Berlin oder London, sprießen Juice-Läden aus dem Boden. Inspiriert davon machen wir uns jetzt so manchen Smoothie zu Hause. Denn die sind so einfach gemacht, dass man darüber nur staunen kann. Wir sind noch nicht so crazy, dass wir gesunde Pülverchen hinzufügen. Aber man kann natürlich Spirulina, Weizengras, Matcha, Chlorella oder whatever mit reinpanschen. Allesamt soooo ooo ooo ooohhh gesund, dass man sich fragt, wie man ohne überhaupt überleben kann.

FRITZE

Ich frage mich ja, warum sich Fratze so lustig über die Pülverchen macht, denn wenn mich nicht alles täuscht, haben wir Matcha und Spirulina zu Hause.

FRATZE: *Du Petze. Ich komm eh schon oberfurienmäßig rüber, so als wärst du der unterdrückte, nette Mann und ich die durchgeknallte Schnapsdrossel.*
FRITZE: *Naja. Aber das findest du ja lustig.*
FRATZE: *Ja. Aber ich bestimme, wann ich aus Lustigkeitsgründen in schlechtem Licht gezeigt werde.*

SUPER-SMOOTHIE

FÜR 2 SMOOTHIES

½ **Avocado**, geschält
100 g **Babyspinat**, gewaschen
1 kleine **Banane**, geschält, in grobe Stücke geschnitten & 3 Stunden eingefroren
50 g **Blaubeeren**, gewaschen
100 g **Brombeeren**, gewaschen
200 ml **Kokosnusssaft**

Die gefrorene Banane und die restlichen Zutaten in einem Mixer zu einem Smoothie pürieren. FERTIG!

26. JUNI

FRATZE

Ich habe einen Super-Trick, um meinen inneren Schweinehund zu überwinden. Und zwar: Schon morgens, wenn ich aufstehe, ziehe ich mir Sportklamotten an. Ich nenne das »mein Mahnmal«. Dann bin ich mir selbst gegenüber verpflichtet, Sport zu treiben, denn es ist erbärmlich, abends noch in den Klamotten rumzulaufen, ohne Sport getrieben zu haben. Heute allerdings funktioniert der Trick nicht so gut. Zur Ablenkung habe ich (in Sportklamotten) Mangold auf einer Farm in Hackney/ London gekauft und mache mir seitdem Gedanken, ob es mit dem ganzen Smog so gesund ist, Gemüse aus der Innenstadt zu essen. Sei es drum. Wir atmen die Pest ja eh tagtäglich ein. Die Pasta war dann jedenfalls ein tolles Schmäuschen. Beste Grüße, eure Fratze – immer noch in Sportklamotten

Mangold-Walnuss-Pasta

FÜR 4 PERSONEN

1 große rote Zwiebel, gewaschen & in Halbringe geschnitten
Abrieb von 1 Zitrone
3 Knoblauchzehen, geschält & zerdrückt
20 Walnusshälfen, grob gehackt
3 große Mangoldblätter, gewaschen, geputzt, Stängel gewürfelt & Blätter in Streifen geschnitten (separat aufbewahren)
200 g Ricotta
Saft von 1 Zitrone
500 g Spaghetti, nach Packungsanleitung al dente gekocht
Olivenöl zum Anbraten
Meersalz & frisch gemahlener Pfeffer

OPTIONAL: Nur 100 g Ricotta untermischen und mit frisch geriebenem Parmesan bestreuen.

In einer Pfanne Zwiebel & Zitronenabrieb in Olivenöl anbraten, Knoblauch, Walnüsse & die Stängel des Mangolds dazugeben und etwa 3 Minuten mitbraten. Die Mangoldblätter beigeben und nach 2 Minuten mit etwas Nudelwasser ablöschen. Ricotta und Zitronensaft untermischen, salzen & pfeffern und mit den Spaghetti vermengen. Ab auf die Teller: Kulinarikuss!

FREILANDWARE GROSSES ANGEBOT:
Bataviasalat, Blumenkohl, dicke Bohnen, grüne Bohnen,
Brokkoli, Brombeeren, Eichblattsalat, Eisbergsalat, grüne Erbsen,
Erdbeeren, Salatgurken, Heidelbeeren, Himbeeren, Johannisbeeren,
saure Kirschen, süße Kirschen, Kohlrabi, Kopfsalat, Lollo Rosso,
Mais, Mangold, Mirabellen/Renekloden,
Karotten, Pflaumen/Zwetschgen, Radieschen, Rettich,
Stachelbeeren, Stangensellerie, Wirsing, Zucchini

FREILANDWARE GERINGES ANGEBOT:
Äpfel, Auberginen, Chinakohl, Endivie, Fenchel,
Kartoffeln, Lauch, Paprika, Rotkohl, Spinat,
Tomaten, Weißkohl, Spitzkohl, Zwiebeln

Dodis Huhn mit Ofengemüse
Pfälzer Käsekuchen à la Inge
Gazpacho aus gerösteten Tomaten & Paprika
Glasnudelsalat mit Gurken & Garnelen
Slow-Cooked-Beef-Curry
Lauwarmer Linsensalat mit Leckereien
Sommersalat mit Grünkern & Ofentomaten
Salat mit Nektarinen & Mozzarella

JULI

2. JULI

FRITZE & FRATZE

Diese Südpfalz, Leute. Fratzes Heimat, auch bekannt als »Toskana Deutschlands«, ist unser Sommer-Urlaubsziel. Dodi, Fratzes Mutter, ihres Zeichens eine fulminante Köchin, ist unsere Gastgeberin.

Tief in uns verborgen schlummert ein Pfalz-Traum: Wir kaufen uns ein Haus am Hang eines Weinbergs, bauen einen Pool in den Garten, Fritze wird Weinbauer, und wir eröffnen ein Apéritif-Restaurant. Von 16–22 Uhr gibt es kleine Köstlichkeiten und Fritzes Wein. Fratze kann derweil munter weiterarbeiten, denn sie ist ja freiberuflich tätig. Ha! Und das Fritzi hütet Haus & Hof und KEINE Kinder ... One day, Baby ... Als Begrüßung gab es Fratzes Lieblings-Kindheitsessen.

Dodis huhn mit ofengemüse

FÜR 3 PERSONEN

3 große Hühnerschlegel, gewaschen, trocken getupft, gesalzen & gepfeffert
4 große Frühkartoffeln, geschält & in Halbscheiben geschnitten
6 Frühkarotten, geschält, Enden entfernt & in Stifte geschnitten
250 g braune Champignons, geschält, geputzt & gehälftet
2 rote Spitzpaprika, gewaschen, gesäubert & in breite Streifen geschnitten
2 große rote Zwiebeln, geschält & in feine Halbringe geschnitten
2 Knoblauchzehen, geschält & sehr fein gewürfelt

1 **Fenchelknolle**, gewaschen, Wurzelansatz & Stängel entfernt & in Stücke geschnitten
1 **große Aubergine**, gewaschen, Enden entfernt & in Halbscheiben geschnitten
3–4 **Eiertomaten**, gewaschen, Strünke entfernt & geviertelt
4 **Zweige Rosmarin**, gewaschen & Nadeln abgezupft
6 **Salbeiblätter**, gewaschen
3 **Lorbeerblätter**, gewaschen
½–1 l **Gemüsebrühe**
½ **Bund glatte Petersilie**, gewaschen & gehackt
Olivenöl
Meersalz & frisch gemahlener Pfeffer

Olivenöl in einer Pfanne erhitzen und die Hühnerschlegel darin von beiden Seiten scharf anbraten. Das gesamte Gemüse, die Hühnerschlegel & die Kräuter (also alles außer der Petersilie) in eine Schüssel geben und mit ausreichend Olivenöl vermischen. Salzen & pfeffern und auf ein tiefes Backblech geben. Etwa 45 Minuten im vorgeheizten Ofen bei 200 Grad garen, bis das Gemüse knusprig, aber noch bissfest ist. Von Zeit zu Zeit das Gemüse wenden und nach und nach, um ein Austrocknen zu verhindern, Gemüsebrühe beigeben.

GARTEST BEIM HUHN: Mit einem Spieß in die dickste Stelle piksen. Wenn klare Flüssigkeit ausläuft, ist das Fleisch gar.

DODIS TIPP: Das Gericht eignet sich wunderbar, um diverse Gemüse, die nicht mehr taufrisch sind, zu verwerten. Es schmeckt auch hervorragend mit Rindfleisch, Kalbfleisch oder vegetarisch mit Feta.

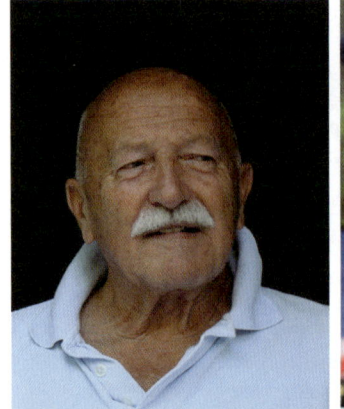

4. JULI

FRITZE & FRATZE

Wir wissen es nicht, aber wir vermuten, dass die Südpfalz die Menschen lustiger macht. Heute haben wir den Tag (eigentlich wollten wir nur kurz vorbeischauen) bei Freunden von Dodi verbracht. Bei Inge und Peter genauer gesagt, die lustigsten Ü-75-Jährigen, die wir kennen. Viele Menschen in unserem Alter könnten sich eine Scheibe von diesem lässigen, freudvollen Lebensstil abschneiden. Kochen & backen können sie auch. So saßen wir in der Sonne in ihrem herrlichen Hof, haben Kaffee getrunken und unter anderem diesen Käsekuchen gegessen.
Danke, ihr Lieben!

PFÄLZER KÄSEKUCHEN À LA INGE

FÜR 1 SPRINGFORM

1 kg Quark (40% Fettanteil)
150 g Zucker
125 g weiche Butter
5 Eier
Abrieb von 1 Zitrone
Butter für die Form

Alle Zutaten mit dem Handrührgerät verrühren, bis eine homogene Masse entstanden ist. Eine Form einbuttern und bei 180 Grad etwa eine Stunde backen. Schon ist er fertig, der pfälzische Prachtkuchen.

7. JULI

Ach Freunde, es ist so schön hier in der Südpalz, schaut euch nur diese Fotos an ...

...und im Saarland waren wir auch zu Besuch. Und zwar bei unserer zauberhaften Maler-Freundin Sarilotta, die uns auch sogleich etwas Famoses gekocht hat:

Gazpacho aus gerösteten Tomaten & Paprika

FÜR 3 PERSONEN

500 g Cocktailtomaten, gewaschen
3 rote Spitzpaprika, gewaschen, Kerne & Strünke entfernt
1 rote Zwiebel, geschält & geviertelt
1 Gurke, Enden abgeschnitten, geschält & klein geschnitten
2 Knoblauchzehen, geschält
3 EL weißer Balsamicoessig
2 EL frisch gepresster Zitronensaft
100 g Weißbrot, getoastet, gewürfelt & in 200 ml Wasser mindestens 10 Minuten eingelegt
Thymianblättchen zum Garnieren
Olivenöl
Meersalz & frisch gemahlener Pfeffer

Cocktailtomaten, Spitzpaprika & Zwiebel in einer Schüssel mit Olivenöl gut vermengen, salzen & pfeffern und in eine ofenfeste Form geben. Bei 200 Grad im vorgeheizten Ofen 30 Minuten backen. Zwischendurch immer wieder wenden. Abkühlen lassen. Das Ofengemüse mit der Gurke, Knoblauch, Essig, Zitronensaft & Brotbrei in einem Mixer pürieren und mit Salz & Pfeffer abschmecken. 2 Stunden in den Kühlschrank stellen, in Schüsseln füllen und mit Thymian bestreuen.

11. JULI

FRITZE & FRATZE
Unser Kennenlernen in Kurzform.

ORT: *In Ludwigsburg, denn da hat der Fritze studiert. Fratze hingegen in Zürich (etwas cooler).*
LOKALITÄT: *In diesem Kaff gab es eine Studentenkneipe mit dem Namen »Kanone«.*
WIE: *An einem schönen Abend in der Kanone sind alle koksen gegangen, nur wir nicht.*
ERGEBNIS: *Piff paff puff. Seitdem sind wir zusammen.*
Er wohnte dort in einer gruseligen Männer-WG, mit einem Mitbewohner, der eine chinesische Freundin hatte. Und diese Freundin hat uns einen Glasnudelsalat gekocht, ein Familienrezept.
FAZIT: *Seitdem verbinden wir Ludwigsburg mit China und dieser Köstlichkeit. Nicht das Schlechteste!*

GLASNUDELSALAT MIT GURKEN & GARNELEN

FÜR 2 PERSONEN

1 Gurke, geschält, entkernt & in Halbscheiben geschnitten
1 kleine rote Zwiebel, geschält & in feine Halbringe geschnitten
1 Knoblauchzehe, geschält & zerdrückt
Saft von 1 Limette
½–1 rote Chilischote, gewaschen, Stiel entfernt & in feine Röllchen geschnitten
(Menge und Kerne je nach Schärfewunsch)
4 EL geröstetes Sesamöl
8 EL Fischsauce (zum Salzen: also abschmecken!)
10 rohe Garnelen, enthäutet & entdarmt
200 g Glasnudeln, nach Packungsanleitung gar gekocht
½ Bund Koriander, gewaschen & grob gehackt (die Stiele etwas feiner)
Pflanzenöl zum Anbraten
Meersalz & frisch gemahlener Pfeffer

In einer Schüssel Gurke, Zwiebel, Knoblauch, Limettensaft, Chili, Sesamöl und Fischsauce miteinander vermischen. Eine Pfanne heiß werden lassen und die Garnelen 1–2 Minuten von jeder Seite in Öl scharf anbraten. Mit Salz & Pfeffer würzen. Die gekochten Glasnudeln & die Garnelen zu dem Gurken-Gemisch geben und gut durchmischen. Da die Nudeln ungewürzt sind, muss man meistens mit Zitronensaft, Sesamöl & Fischsauce noch mal nachwürzen. Mit Koriander bestreuen, servieren und jausen!

12. JULI

FRITZE & FRATZE

Eigentlich ein wenig absurd, dass wir indisches Essen mit Fleisch kochen. Immerhin sind 30–40% der indischen Bevölkerung Vegetarier. In der westlichen Welt liegt der Prozentsatz im einstelligen Bereich. Und wirklich: Es gibt kaum eine leckerere und vielfältigere vegetarische Küche. Nichtsdestotrotz ist dieses »Slow-Cooked-Beef-Curry« auch mit Fleisch rasend lecker.

SLOW-COOKED-BEEF-CURRY

FÜR 4 PERSONEN

400 g Rindfleisch, in 2–3 cm große Stücke geschnitten (wir hatten Fleisch aus der Schulter)
2 Zwiebeln, geschält & fein gewürfelt
4 Knoblauchzehen, geschält & fein gewürfelt
4–5 cm großes Stück Ingwer, geschält & fein gewürfelt
1 grüne Chilischote, gewaschen, Stiel abgeschnitten & fein gewürfelt
4 Karotten, geschält, Enden entfernt & in 2 cm große Stücke geschnitten
500 g braune Champignons, geschält, geputzt & geviertelt
800 g Tomaten, gewaschen, Strünke entfernt & fein gewürfelt
300 ml Gemüsebrühe
Saft von 1 Zitrone
3 TL gemahlener Kreuzkümmel
2 TL gemahlener Koriander
2 TL gemahlener Kurkuma
2 TL Garam Masala
300 g brauner Basmatireis, gewaschen & nach Packungsanleitung gekocht
200 g Naturjoghurt
1 Gurke, gewaschen, Kerne & Enden entfernt & in Stifte geschnitten
½ Bund Koriander, gewaschen & grob gehackt
Pflanzenöl zum Anbraten
Meersalz & frisch gemahlener Pfeffer

Pflanzenöl in einer Pfanne erhitzen und das Rindfleisch darin von allen Seiten sehr scharf anbraten. Das Fleisch herausnehmen, erneut Öl in die Pfanne geben und Zwiebeln, Knoblauch, Ingwer & Chili darin gülden braten, Karotten und Champignons dazugeben und kurz braten. Das angebratene Fleisch, Tomaten, Gemüsebrühe & Zitronensaft dazugeben und bei mittlerer Hitze zugedeckt 2 Stunden köcheln lassen. Das Fleisch muss butterweich sein. Je nach Fleischqualität kann das auch etwas länger dauern. Immer wieder Wasser beigeben, damit das Curry nicht anbrennt. Gewürze (Kreuzkümmel, Koriander, Kurkuma & Garam Masala) dazugeben und noch mal 20–30 Minuten köcheln lassen, salzen & pfeffern. Joghurt & Gurke miteinander vermischen, salzen & pfeffern. Reis, Curry und Gurken-Joghurt auf Teller befördern, mit Koriander bestreuen … ein kulinarisches Bombardement!

18. JULI

LET'S TALK ABOUT LINSEN! Früher nannte man sie den »Kaviar des armen Mannes«. Und das sagt ja einiges über den kulinarischen Wert dieser Hülsenfrüchte aus. Sie gehören zu den ersten Kulturpflanzen der Welt und sind sogar schon im ersten Buch der Bibel erwähnt. Rohen Linsen können Steinchen beigemischt sein, darum wäscht man sie am besten in einer Schüssel mit reichlich Wasser. Dabei sinken die Steinchen nach unten, und man muss keine Angst mehr um seine Beißerchen haben. Dass Salz den Garprozess hemmt, ist hingegen ein Märchen. Essig dagegen schon: deshalb erst am Schluss dazugeben. Kochendes Wasser ist auch nicht zu empfehlen, weil der hohe Eiweißgehalt und starke Hitze sich nicht vertragen. Darum langsam bei mittlerer Hitze garen. In diesem Linsenrezept sind ALLE unsere Lieblingszutaten vereint. Na gut, Zitronen und Knoblauch fehlen noch …

LAUWARMER LINSENSALAT MIT LECKEREIEN

FÜR 2 SUPERFOODIGE PERSÖNCHEN

LINSENSALAT
7 EL bestes Olivenöl
4 EL weißer Balsamicoessig
1 TL Senf
1 TL Honig
200 g grüne Linsen, gewaschen & nach Packungsanleitung gar gekocht
1 rote Zwiebel, geschält & in Halbringe geschnitten
Meersalz und frisch gemahlener Pfeffer

Olivenöl mit dem Essig verquirlen, Senf & Honig untermischen und mit Salz & Pfeffer abschmecken. Je nach Säure des Essigs muss man nachjustieren, denn die Linsen ziehen ganz schön Säure und Salz. ¾ des Dressings mit den noch warmen Linsen und der Zwiebel vermischen.

OBENDRAUF
5 Tomaten (wir hatten diverse Farben und Gattungen. Das bleibt jedem selbst überlassen), gewaschen, Strünke entfernt & in Scheiben geschnitten
1 Avocado, geschält & in Scheiben geschnitten
100 g Baby-Spinat, gewaschen
100 g Ziegenfrischkäse
2 Eier, wachsweich gekocht & gehälftet

Linsensalat auf Tellern verteilen, Tomaten, Avocado, Babyspinat und Ziegenfrischkäse (mit einem Teelöffel portioniert) hübsch darauf anrichten. Das restliche Dressing darüberträufeln und zu guter Letzt die Eier dazugeben. Nachtigall ick hör dir trapsen. Das ist so eine Leckerei!

19. JULI

FRITZE & FRATZE

Es ist wieder Grillsaison, und weil wir auf unserem Schuhschachtel-Balkon alles abfackeln würden, müssen wir uns darauf beschränken, bei Freunden zum Grillen eingeladen zu werden. Damit wir immer wieder geladen werden, haben wir diesen besonderen Grünkern-Salat kreiert. Kam ganz gut an, kann aber durchaus auch ohne Grillgut verspeist werden.

SOMMERSALAT MIT GRÜNKERN & OFENTOMATEN

FÜR 2 PERSONEN

VINAIGRETTE
2 EL weißer Balsamicoessig
1 TL Senf
1 TL Agavendicksaft
6 EL Olivenöl
Meersalz & frisch gemahlener Pfeffer

Balsamicoessig, Senf, Agavendicksaft, Olivenöl, Meersalz & Pfeffer gut miteinander verrühren.

SALAT
6 kleine Tomaten, gewaschen, Strünke entfernt & geviertelt
200 g Grünkern, gewaschen, nach Packungsanleitung gekocht & abgekühlt
1 rote Zwiebel, geschält & in feine Halbringe geschnitten
3 Ur-Karotten, geschält & in Scheiben geschnitten
Kerne von 1 Granatapfel (**FRITZE & FRATZES TIPP:** Granatapfel hälften und mit einem Holzlöffel draufklopfen, dann purzeln die Kerne nach einer Weile ohne das Weiße heraus.)
10 Blätter Minze, gewaschen & fein gehackt
½ Bund Petersilie, gewaschen & fein gehackt
100 g gemischter junger Salat (zum Bsp. Babyspinat, Rucola, Zupfsalat & Wasserkresse), gewaschen
200 g griechischer Joghurt

Ofen auf 180 Grad vorheizen. Tomaten salzen & pfeffern, mit Olivenöl beträufeln, auf ein mit Backpapier ausgelegtes Backblech legen und 20 Minuten in den Ofen schieben. Tomaten abkühlen lassen. Grünkern, Zwiebel, Karotten, Granatapfelkerne und die Hälfte der Kräuter mit der Vinaigrette vermischen. Tomaten & Joghurt drübergeben und mit den restlichen Kräutern bestreuen. Herrlich!

30. JULI

FRITZE

MISTEKISTE! Fratze war heute Abend mit einer Freundin unterwegs, und ich habe gemütlich vorm Computer gesessen und Bier getrunken. Dann bin ich wohl irgendwie unglücklich an die Bierflasche gestoßen, alles ist in den Computer reingelaufen und dieser ist nun tot. Das Blöde ist neben dem Computertod, dass ich gerade Bilder bearbeiten wollte, die ich von der Kamera davor runtergeladen und leider auch gelöscht habe. Fratze möchte gerade aus dem Kochbuch-Projekt aussteigen und hat laut ausgerufen: »Sei froh, dass ich dich liebe, sonst würde ich mich trennen!« *Also bin ich zum 24h-Supermarkt gestiefelt und habe folgenden Salat noch mal zubereitet und fotografiert. Es sind leider Bilder von 10 weiteren Gerichten verloren gegangen, aber das muss Fratze jetzt erst mal nicht wissen. Übrigens: Eingelegte Nektarinen und Salat sind eine Wucht!*

NACHTRAG FRATZE: Habe mich wieder beruhigt. Ist blöd wegen des Computers und der Bilder. Aber immerhin ist nur der Compi tot und nicht der Fritze.

SALAT MIT NEKTARINEN & MOZZARELLA

FÜR 2 PERSONEN

NEKTARINEN
2 große Nektarinen, gewaschen & in sehr feine Spalten geschnitten
½ rote Zwiebel, geschält & in feine Halbringe geschnitten
1 EL Weißweinessig
2 EL Agavendicksaft
Meersalz & frisch gemahlener Pfeffer

Die Nektarinen mit Zwiebel, Weißweinessig, Agavendicksaft und etwas Salz & Pfeffer gut vermischen und 1 Stunde marinieren. Immer wieder vorsichtig umrühren.

VINAIGRETTE
1 Knoblauchzehe, geschält, gewürfelt, mit Salz bedeckt & mit der Messerspitze zerdrückt
1 TL Senf
2 EL Olivenöl
Meersalz & frisch gemahlener Pfeffer

Die Nektarinen aus der Flüssigkeit nehmen und beiseitestellen. Den Nektarinensaft mit Knoblauch, Senf & Olivenöl vermischen. Da jede Nektarine unterschiedlich süß und saftig ist, muss die Vinaigrette entsprechend abgeschmeckt werden. Salzen & pfeffern!

MOZZARELLA & SALAT

2 Mozzarella (à 125 g), in 1 cm dicke Scheiben geschnitten
200 g gemischter Salat, gewaschen (wir hatten wilden Rucola & Babykresse)
Olivenöl zum Anbraten

Wenig Olivenöl in einer Pfanne erhitzen und die Mozzarellascheiben von beiden Seiten etwa eine Minute knusprig braten. Mit Küchenpapier gut abtupfen. Den Salat mit der Vinaigrette vermischen, auf Tellern verteilen und Nektarinen & Mozzarella darauf anrichten. FERTIG. YUMMY!

FREILANDWARE GROSSES ANGEBOT:

Äpfel, Auberginen, Bataviasalat, Birnen, Blumenkohl, dicke Bohnen, grüne Bohnen, Brokkoli, Brombeeren, Chinakohl, Eichblattsalat, Eisbergsalat, Endivie, grüne Erbsen, Salatgurken, Heidelbeeren, Himbeeren, Johannisbeeren, Kartoffeln, saure Kirschen, süße Kirschen, Kohlrabi, Kopfsalat, Lauch, Lollo Rosso, Mais, Mangold, Mirabellen/Renekloden, Karotten, Paprika, Pflaumen/Zwetschgen, Radieschen, Rettich, Rotkohl, Stachelbeeren, Stangensellerie, Tomaten, Wirsing, Zucchini, Zwiebeln

FREILANDWARE GERINGES ANGEBOT:

Fenchel, Kürbis, Rote Bete, Spinat,
Knollensellerie, Weißkohl, Spitzkohl

Blumenkohl & Co mit Salmoriglio-Sauce

Cocktailtomaten-Chutney

Gruyère-Pancakes mit glasierten Äpfeln

Mexican-Bowl

Grünster-Grün-Salat

Salat mit Süßkartoffeln & Co

Obstsalat mit Tomaten, Mozzarella & Basilikum-Salsa

Eier im Glas

AUGUST

1. AUGUST

FRITZE & FRATZE
Heute stellen wir euch mal unsere Koch-Arbeitsplätze vor:
FRITZES ARBEITSPLATZ getreu dem Motto: »Schönheit hat seinen Preis. Und dieser heißt Zeit.«
FRATZES ARBEITSPLATZ getreu dem Motto: »Ich verstehe nicht, warum man Dinge langsam angehen soll, wenn es auch schnell geht.«

Blumenkohl & co
MIT SALMORIGLIO-SAUCE

FÜR 2 PERSONEN

SALMORIGLIO-SAUCE
Saft von 1 Zitrone
Abrieb von ½ Zitrone
2 TL frische Oreganoblättchen, gewaschen
2 Knoblauchzehen, geschält
½ **Bund glatte Petersilie**, gewaschen & grob gehackt
30 ml Wasser
60 ml Olivenöl
Meersalz & frisch gemahlener Pfeffer

Alle Zutaten in einem Mixer pürieren und mit Salz & Pfeffer abschmecken.

JOGHURT

250 g griechischer Joghurt
1 kleine rote Zwiebel, geschält & sehr fein gewürfelt
¼ Salatgurke, geschält, entkernt & sehr fein gewürfelt
1 EL frisch gepresster Zitronensaft
Meersalz & frisch gemahlener Pfeffer

Alle Zutaten vermischen und mit Meersalz & Pfeffer abschmecken.

GEMÜSE

2 Zucchini, gewaschen, Enden abgeschnitten & in 2 cm dicke Stücke geschnitten
1 Blumenkohl, gewaschen, gehälftet, grüne Blätter entfernt & Strunk gekürzt
3 Süßkartoffeln (wir hatten weißfleischige, aber die normalen orangefarbenen
Süßkartoffeln sind auch super), geschält & in Spalten geschnitten
Olivenöl
Meersalz & frisch gemahlener Pfeffer

Zucchini, Blumenkohl & Süßkartoffeln auf ein mit Backpapier ausgelegtes Backblech geben. Da die Süßkartoffeln nicht übereinander liegen sollten, bei Bedarf
auf zwei Bleche verteilen. Also eins für Blumenkohl & Zucchini und eins für die
Süßkartoffeln. Das Gemüse mit ausreichend Olivenöl beträufeln, salzen & pfeffern. Im vorgeheizten Ofen bei 200 Grad ca. 40 Minuten backen. Süßkartoffeln &
Zucchini nach 20–30 Minuten wenden. Gemüse auf große Teller verteilen, Joghurt
dazugeben und die Salmoriglio-Sauce darüberträufeln. Fertig. Lecker. Liebt uns!

6. AUGUST

Trallalllaalllaaallaaa. Hier seht ihr eine prächtige Käseplatte. Der Käse kommt aus Frankreich, exklusiv geliefert von Fratzes Schwester Laura, die in Brüssel wohnt und einen Franzosen geehelicht hat, was (nicht nur) einen kulinarischen Zugewinn für uns bedeutet. Den Käse müsst ihr euch selbst besorgen, das Chutney-Rezept liefern wir euch. Habt es wohligst!

COCKTAILTOMATEN-CHUTNEY

FÜR 1 GROSSES EINMACHGLAS

4 große rote Zwiebeln, geschält & in Halbringe geschnitten
500 g Cocktailtomaten, gewaschen & geviertelt
1–2 rote Chilischoten, gewaschen, Stiele entfernt & in feine Röllchen geschnitten
(Menge & Kerne je nach Schärfewunsch)
80 ml Rotweinessig
120 g Vollrohrzucker
Meersalz & frisch gemahlener Pfeffer

Alle Zutaten in einen Topf geben und zugedeckt bei kleiner Hitze etwa eine Stunde köcheln lassen, bis eine »marmeladige« Konsistenz entstanden ist. Mit Salz & Pfeffer abschmecken und in ein sterilisiertes Einmachglas füllen. Deckel draufsetzen und auf den Kopf stellen. Abkühlen lassen, umdrehen und im Kühlschrank oder an einem dunklen, kühlen Ort aufbewahren.

FRITZE & FRATZES TIPP: Das Chutney hält sich ungeöffnet 4–6 Monate.

8. AUGUST

FRITZE

Ich schlafe sehr gerne. Und ich schlafe unter der Woche nicht viel, darum hole ich das am Wochenende nach. Entgegen der Meinung vieler Studien bin ich dazu in der Lage. Fratze dagegen schläft unter der Woche mehr, also weitaus weniger als ich am Wochenende. Früher hat sie mich immer geweckt, damit ich ihr einen Kaffee koche. Seit ein paar Wochen allerdings macht sie mir Bettfrühstücke. Ich hoffe, das ist nicht nur eine Phase, denn ich könnte mich daran gewöhnen. Und da sie gerade in der Küche rumwerkelt, kuschel ich mich noch mal in unsere flauschigen Kissen … ROSCHEPÜÜÜÜÜÜH.

GRUYÈRE-PANCAKES MIT GLASIERTEN ÄPFELN

FÜR CA. 12 PANCAKES

GLASIERTE ÄPFEL
2 Äpfel, gewaschen, Kerne entfernt & in Spalten geschnitten
2 EL Agavendicksaft
Pflanzenöl zum Anbraten

Pflanzenöl in einer Pfanne erhitzen und die Äpfel mit dem Agavendicksaft darin von beiden Seiten goldbraun braten.

PANCAKES & CO
190 g Mehl
2 TL Backpulver
1 TL Salz
1 Ei
75 g Agavendicksaft
200 ml Milch
100 g Gruyère, frisch gerieben
1 EL frische Thymianblättchen, gewaschen
Pflanzenöl zum Anbraten

Mehl, Backpulver & Salz in einer Schüssel miteinander vermengen. In einer anderen Schüssel Ei, Agavendicksaft & Milch mit einem Handrührgerät verrühren. Langsam und unter ständigem Rühren die Mehlmischung dazugeben, bis eine homogene Masse entstanden ist. Gruyère & Thymianblättchen untermischen. Eine Pfanne heiß werden lassen, Pflanzenöl auf ein Küchenpapier träufeln und die Pfanne damit einfetten. Den Vorgang immer wiederholen, bevor man neue Pancakes brät. *Achtung: Die Wenig-Öl-Nummer kann man nur durchziehen, wenn man eine gute Teflonpfanne hat. Ansonsten einfach mit Öl anbraten.* Vier Esslöffel Teig in eine große Pfanne geben. Von jeder Seite 60–90 Sekunden braten. Da die Dinger schnell anbrennen, die 90 Sekunden besser nicht überziehen. Mit den Äpfeln servieren, und fertig ist der Pancake-Schmaus!

14. AUGUST

FRITZE & FRATZE

Es ist heiß deluxe in London. Also wirklich richtig heiß. HA! Und wo wir hier schon mal die Gelegenheit haben, uns so einiges von der Seele zu schreiben, wollen wir mit einem Vorurteil aufräumen: Das Wetter in London ist gar nicht furchtbar, sondern toll. Im Winter ist es hier sogar wärmer als in der Südpfalz, selten unter 0 Grad, oft sogar um die 10 Grad, und ja, es regnet manchmal, darum sind hier die Farben in der Natur so strahlend und satt. Und es gibt selten einen Tag, an dem das Wetter nur schlecht ist. Wie Fratzes Laune ändert sich hier auch das Wetter schnell. So! Und in unserem Freibad kann man 12 Monate im Jahr baden. Warum? Weil es bei dem Klima in London möglich ist. Und ab sofort möchten wir NIX mehr über das vermeintlich schlechte Wetter in London hören. Als Wiedergutmachung für unsere kleine Pöbelei gibt es eines unserer absoluten Lieblingsrezepte.

MEXICAN-BOWL

FÜR 2 PERSONEN

SCHWARZE BOHNENPASTE
1 Zwiebel, geschält & in Halbringe geschnitten
400 g gekochte schwarze Bohnen, Flüssigkeit abgegossen & gewaschen
ca. 100–200 ml Wasser
1 TL gemahlener Kreuzkümmel
½ TL Cayennepfeffer
¼ Bund Koriander, gewaschen & mit Stielen gehackt
Pflanzenöl zum Anbraten
Meersalz

Pflanzenöl in einer Pfanne erhitzen, Zwiebel darin glasig braten, Bohnen
dazugeben, mit 100 ml Wasser ablöschen und mit Kreuzkümmel, Cayennepfeffer
& Salz würzen. Etwa 5 Minuten bei mittlerer Hitze köcheln lassen und mit der
Rückseite eines Holzlöffels grob zerdrücken. Wenn die Paste zu trocken wird,
immer wieder Flüssigkeit dazugeben Zum Schluss den Koriander untermischen.

COCKTAILTOMATEN-FETA-SALAT
250 g Cocktailtomaten, gewaschen & geviertelt
100 g Feta
Saft von ½ Zitrone
3 EL Olivenöl
Meersalz & frisch gemahlener Pfeffer

Cocktailtomaten & Feta gut vermischen, mit Zitronensaft & Olivenöl beträufeln
und salzen & pfeffern.

REST
50 g Babyspinat
1 Avocado, geschält & in Scheiben geschnitten

Babyspinat, Bohnenpaste, Tomaten-Feta-Salat & Avocado hübsch auf Tellern
anrichten und den Magen damit befüllen!

20. AUGUST

FRATZE

SALATE sind my first love and they will be my last. Kein Wunder, dass sie schon vor 4500 Jahren in Ägypten gejaust wurden. So ein fulminantes Konzept. Leckere crunchy, leicht bittere Blätter, eine vorzügliche Sauce, und dann kann alles, worauf man Lust hat, reingeschmissen werden. Starten wir mit Fratzes Salat-Marathon:

NUMMER 1:

GRÜNSTER-GRÜN-SALAT

FÜR 3 PERSONEN

VINAIGRETTE
1 TL Senf
1 TL Agavendicksaft
2 Knoblauchzehen, geschält, gewürfelt, mit Salz bedeckt & mit der Messerspitze zu einer Paste zerdrückt
Saft von ½ Zitrone
6 EL Olivenöl
Meersalz & frisch gemahlener Pfeffer

Senf, Agavendicksaft, Knoblauch, Zitronensaft & Olivenöl in eine Schüssel geben, gut verrühren und salzen & pfeffern.

REST
300 g frische Erbsen, enthülst (Tiefkühlerbsen gehen auch, brauchen dann nur 2–3 Minuten gekocht werden)
300 g Zuckerschoten, gewaschen
1 Zucchini, gewaschen, Enden abgeschnitten & mit einem Sparschäler in breite Streifen geschnitten
100 g Ziegenfrischkäserolle, zerkleinert
10 Blätter Minze, gewaschen & in feine Streifen geschnitten
2 Frühlingszwiebeln, gewaschen, Enden abgeschnitten & in feine Röllchen geschnitten

Einen Topf mit Salzwasser zum Kochen bringen, die Erbsen hineingeben, 4 Minuten kochen, dann die Zuckerschoten beigeben und weitere 2 Minuten kochen. Mit sehr kaltem Wasser abschrecken, so bleiben Erbsen & Zuckerschoten schön grün. Abkühlen lassen. Erbsen, Zuckerschoten & Zucchini mit der Vinaigrette vermischen, Ziegenfrischkäse, Minze & Frühlingszwiebeln drübergeben. HOHOHO!

21. AUGUST

NUMMER 2:

Salat mit Süsskartoffeln & Co

FÜR 2 PERSONEN

SÜSSKARTOFFELN
1 große Süßkartoffel, geschält & gewürfelt
Olivenöl
Meersalz & frisch gemahlener Pfeffer

In einer Schüssel die Süßkartoffel mit etwas Olivenöl vermischen, salzen & pfeffern. Im vorgeheizten Backofen bei 200 Grad auf einem mit Backpapier ausgelegten Backblech verteilen und 25–30 Minuten knusprig backen. (Nach ca. 15 Minuten wenden.) Süßkartoffeln aus dem Ofen nehmen und mindestens 10 Minuten abkühlen lassen, bevor man sie über den Salat gibt.

VINAIGRETTE
1 Knoblauchzehe, geschält, gewürfelt, mit Salz bedeckt & mit der Messerspitze zu einer Paste zerdrückt
1 TL Senf
1 TL Agavendicksaft
1 EL weißer Balsamicoessig
3 EL Olivenöl
Salz & frisch gemahlener Pfeffer

Knoblauch, Senf, Agavendicksaft, Essig und Olivenöl verquirlen und mit Salz & Pfeffer abschmecken.

SALAT
60 g Rucola, gewaschen
60 g Wasserkresse, gewaschen
6 Radieschen, gewaschen & geviertelt
100 g Ziegenfrischkäserolle, zerkleinert
6 Blätter Minze, gewaschen

Rucola, Wasserkresse, Radieschen & Ziegenfrischkäserolle auf Teller geben, geröstete Süßkartoffeln & Vinaigrette darüber verteilen und mit der Minze bestreuen.

22. AUGUST

NUMMER 3:

Obstsalat mit Tomaten, Mozzarella & Basilikum-Salsa

FÜR 3 VERFRESSENE PERSONEN

BASILIKUM-SALSA
5 Zweige Basilikum, gewaschen
3 EL Zitronensaft
1 EL Agavendicksaft
6 EL Olivenöl
Meersalz & frisch gemahlener Pfeffer

Alle Zutaten in einem Mixer pürieren, salzen & pfeffern.

TOMATEN, OBST & MOZZARELLA
4 Tomaten (wir hatten: 1 rote, 1 gelbe, 1 schwarze & 1 grüne), gewaschen, Strünke entfernt & in Scheiben geschnitten
6 Cocktailtomaten, gewaschen & geviertelt
2 Aprikosen, gewaschen, entkernt & in Spalten geschnitten
1 Pfirsich, gewaschen, entkernt & in Spalten geschnitten
3 Scheiben Wassermelone mit Rand
¼ Honigmelone, geschält & in Spalten geschnitten
100 g Brombeeren, gewaschen
6 Blätter Basilikum, gewaschen
½ rote Zwiebel, geschält & in Halbringe geschnitten
1 Mozzarella, zerrupft

Gemüse & Obst schön auf einer Platte anrichten und die Basilikum-Salsa darüberträufeln.

23. AUGUST

NUMMER 4:

Salat mit Feigen, Roque...

FRITZE: Jetzt reicht's aber mal. Wir sind doch kein Salat-Kochbuch. Und außerdem ist es Frühstückszeit!

FRATZE: ...fort & Rucola, Salat mit Radicchio, Datteln, Macadamia-Nüssen & Chicorée, Salat mit Trauben, Minze, Halloumi, Tomaten & Gurken, Thailändischer Kräutersalat mit Rinderfilet, Salat mit Couscous, Aprikosen, Gurken ...

FRITZE: Ja. Sehr gutes Experiment, aber das kannste ja im Privaten mal herausfinden oder wenn du alleine bist. Ich mach weiter!

FRATZE: Spielverderber. Wäre doch sehr ulkig zu schauen, wie viele grandiose Kombinationen noch so aus meinem Köpfchen blubbern.

FRITZE: ... T O L L. Und nun, liebe Menschen, gibt es Eier im Glas à la Fritze.

Eier im Glas

FÜR 2 MENSCHLIS

½ **kleine rote Zwiebel**, geschält & fein gewürfelt
5 **Cocktailtomaten**, gewaschen & gewürfelt
¼ **Gurke**, gewaschen, entkernt & gewürfelt
80 g **Feta**, fein gewürfelt
1 EL **frisch gepresster Zitronensaft**
2 **Eier**, wachsweich gekocht, abgeschreckt & geschält
1 EL **Schnittlauch**, gewaschen & in Röllchen geschnitten
1 EL **Olivenöl**
Meersalz & frisch gemahlener Pfeffer

In einer kleinen Schüssel Zwiebel, Cocktailtomaten, Gurke & Feta miteinander vermischen, Zitronensaft und Olivenöl dazugeben, in die Gläser füllen, jeweils 1 Ei darauf legen & mit Schnittlauch bestreuen. Fertig. Bei uns gab es dazu Toast und einen Saft: Karotten, Orange, Apfel & Ingwer.

FREILANDWARE GROSSES ANGEBOT:
Äpfel, Auberginen, Bataviasalat, Birnen, Blumenkohl,
Brokkoli, Brombeeren, Chinakohl, Eichblattsalat, Eisbergsalat,
Endivie, Fenchel, Salatgurken, Heidelbeeren, Kartoffeln,
süße Kirschen, Kohlrabi, Kopfsalat, Kürbis, Lauch, Lollo Rosso,
Mais, Karotten, Paprika, Radicchio, Radieschen,
Rettich, Rote Bete, Rotkohl, Stangensellerie, Tomaten,
Weißkohl, Spitzkohl, Wirsing

FREILANDWARE GERINGES ANGEBOT:
dicke Bohnen, grüne Bohnen, grüne Erbsen, Feldsalat, Haselnüsse,
Mangold, Pastinaken, Pflaumen/Zwetschgen, Quitten, Rosenkohl,
Spinat, Sellerieknollen, Walnüsse, Zucchini, Zwiebeln

Artischocken & Oktopus
Seafood-Salad
Kürbissuppe mit Apfel à la Dodi
Galette mit Tomaten, Senf & Rucola
Semmelknödel mit Pilzen
Aloo Gobi, Blumenkohl-Kartoffel-Curry
Huevos Rancheros
Linguine Frutti di Mare
Brot mit Roquefort, Birnen & Walnüssen

SEPTEMBER

3. SEPTEMBER

FRATZE

Wir hatten uns so sehr auf diesen Amalfiküsten-Urlaub gefreut. Meer, gar nicht arbeiten, Fisch essen, am Strand liegen, Städte anschauen, HERRLICHKEIT.

Es ist schon schön hier, aber wir haben so in die Tonne gegriffen mit unserer Ferienwohnung, dass ich einen Tobsuchtsanfall bekommen könnte. Der Fotograf war ein Zauberkünstler, und die Bewertungen sind definitiv gefälscht. Aber niemand lässt mit sich reden. Was uns bzw. vor allem mich so stört?
1. KATZEN, die bei uns ein und aus gehen. Ich habe eine heftige Katzenallergie.
2. KEIN Fenster geht nach außen, sondern nur ins Treppenhaus.
3. GAR KEIN FENSTER, auch nicht das von der Schlafzimmergalerie mit angeblichem Meer-Blick: Wieder nur die Aussicht ins Treppenhaus.
4. Der Balkon ist nicht in der Wohnung, sondern am Fuße der Treppe im Treppenhaus. Und er ist auch gar kein richtiger Balkon, eher ein großes Fenster.
5. Der ständig besoffene Obendrüber-Wohner geht andauernd durchs Treppenhaus, also quasi durch unsere Wohnung.
6. Das Meer ist Stunden zu Fuß entfernt.
AHHHHHHHH! Und wir müssen immer spätestens um 19 Uhr zurück sein, weil wir sonst nicht mehr in das Dorf kommen, denn es gibt nur einen Parkplatz, und ohne Auto kann man nirgendwo hin. Ich könnte noch tausend Sachen aufzählen, zum Beispiel, dass die Ferienwohnungsvermieter korrupte Schweine sind …

FRITZE

Ach herrjeee. Da haben wir wirklich kein Glück gehabt. Aber nun macht man halt das Beste daraus. Fratze ist fix und foxi. Sie hat sich diesen Urlaub schon im Vorfeld so grandios ausgemalt, dass sie nun bombig enttäuscht ist … Leider regnet es seit 2 Tagen auch durch … Eieiei. Nun gut. Wird schon. Hier mal ein leckeres, italienisches Rezept.

ARTISCHOCKEN & OKTOPUS

FÜR 3 PERSONEN

1 großer Oktopus, vom Fischhändler gereinigt & gewaschen
2 Lorbeerblätter
10 Pfefferkörner
2 Knoblauchzehen, geschält & halbiert
2 EL Weißweinessig
Abrieb von 1 Zitrone
Saft von 1 Zitrone
1 Zitrone, gewaschen & in Spalten geschnitten – zum Servieren
6 Babyartischocken, die äußersten Blätter entfernt, Stängel gekürzt & gehälftet
Olivenöl
Meersalz & frisch gemahlener Pfeffer

Einen großen Topf mit Wasser zum Kochen bringen. Den Oktopus, Lorbeerblätter, Pfefferkörner, Knoblauchzehen, Weißweinessig und ca. 1 TL Meersalz in den Topf geben. Bei mittlerer Hitze ca. 60 Minuten köcheln lassen. Den Oktopus aus dem Sud nehmen, unter kaltem Wasser abschrecken und in mundgerechte Stücke schneiden. Danach mit 2 EL Olivenöl, Zitronenabrieb & der Hälfte des Zitronensaftes etwa ½ Stunde marinieren. Eine Pfanne mit Olivenöl heiß werden lassen und die Oktopus-Stücke darin von beiden Seiten scharf anbraten. Salzen & pfeffern!

Babyartischocken mit dem verbleibenden Zitronensaft beträufeln und in einen großen Topf mit Wasser legen. Die Artischocken sollten mit Wasser bedeckt sein. Zum Kochen bringen, dann bei geringer Hitze etwa 5 Minuten simmern lassen, abtrocknen, mit 2 EL Olivenöl und Salz & Pfeffer gut vermischen. Eine Pfanne erhitzen und das Olivenöl-Artischocken-Gemisch hineingeben. Von jeder Seite etwa 6 Minuten knusprig braten. Artischocken & Oktopus auf einer Platte anrichten und die Zitronenspalten dazulegen. OH DU MEINE GÜTEEEE!!!

6. SEPTEMBER

FRATZE

Warum habe ich kein Fritze-Gemüt? Am Anfang war ich richtig sauer auf ihn … Wie kann der das alles dennoch gut finden? Ist er blöd? Es regnet, es ist ekelhaft, und wir haben einen Batzen Geld ausgegeben für diese Bruchbude. Aber er hat ja ganz recht. Das bringt nix. Das Wetter ist auch schöner geworden, wir sind fast nur am Meer oder besichtigen die Sehenswürdigkeiten. Und abends kochen wir, sitzen im Treppenhaus und essen und trinken. Ohne Wein läuft hier bei mir nix. Schöntrinken ist das Motto.

FRITZE

Der Urlaub ist jetzt doch noch ganz schön geworden, das Wetter ist herrlich, Fratzes Laune ist viel besser, und Reisen ist einfach immer toll. Fratze weigert sich in »DIESER KÜCHE« zu kochen, darum koche ich, und zwar: Meeresfrüchte mit Meeresfrüchten und dazu Meeresfrüchte. Njammerichst.

Seafood-Salad

FÜR 2 PERSONEN

1 kleiner Oktopus, vom Fischhändler gereinigt & gewaschen
1 Lorbeerblatt
200 g Miesmuscheln (**FRITZE & FRATZES TIPP:** Muscheln sorgfältig putzen, dabei geöffnete und beschädigte wegwerfen & eine halbe Stunde in kaltes, gesalzenes Wasser legen, am besten noch mit einer halben Chilischote, damit die Muscheln den Sand ausspucken.)
150 g rohe Garnelen, geschält & entdarmt
4 Jakobsmuscheln, gewaschen & abgetupft
3 Tomaten, gewaschen, Strünke entfernt & in Scheiben geschnitten (wir hatten orangefarbene und gelbe Tomaten)
1 Fenchelknolle, gewaschen, geputzt & in feine Streifen geschnitten
4 Knoblauchzehen, geschält & in sehr feine Scheiben geschnitten
½ Bund Basilikum, gewaschen & grob gehackt
3 El Zitronensaft
Olivenöl zum Anbraten
Salz & frisch gemahlener Pfeffer

Einen großen Topf mit Wasser zum Kochen bringen. Oktopus, Lorbeerblatt & 1 TL Salz hineingeben und bei mittlerer Hitze ca. 45 Minuten köcheln lassen. Den Oktopus aus dem Sud nehmen, unter kaltem Wasser abschrecken, trocken tupfen und in mundgerechte Stücke schneiden. In einem Topf etwa zwei Tassen Wasser zum Kochen bringen und die Miesmuscheln hineingeben. Parallel eine große Pfanne mit Olivenöl heiß werden lassen, Garnelen, Jakobsmuscheln & den Oktopus in die Pfanne geben und 2 Minuten in Olivenöl von jeder Seite braten. Abkühlen lassen!
Wenn die Miesmuscheln sich geöffnet haben: herausnehmen und ebenfalls abkühlen lassen. Die Muscheln, die sich nicht geöffnet haben: wegwerfen! In einer Schüssel die Meeresfrüchte mit den Tomaten, Fenchel, Knoblauch, Basilikum, Zitronensaft & 2 EL Olivenöl gut vermischen und mit Salz & Pfeffer abschmecken.

FRITZE & FRATZES TIPP: Mit Baguette essen! Vorzugsweise nicht im Treppenhaus (Anm. Fratze)!

9. SEPTEMBER

FRATZE

Ich muss mich erst mal ausruhen nach diesem Urlaub. Allerdings finde ich jetzt alles noch schöner in der Schuhschachtel: unsere Küche, unser Bad, unser Bett, unsere Fenster, unser Balkon, unsere Aussicht … So schön fand ich es hier noch nie. Möchtet ihr auch mal so ein Gefühl haben? Fragt uns nach der Ferienwohnung, und ihr wollt nie mehr von zu Hause weg. Weil es ganz schön kühl geworden ist, musste ich spontan an Dodis Kürbis-Apfelsuppe denken. Die passt perfekt zum Wetter, also ran an die Töpfe!

KÜRBISSUPPE MIT APFEL À LA DODI

FÜR 4 PERSONEN

BRÜHE
½ l Gemüsebrühe
1 große Zwiebel, geschält & in Halbringe geschnitten
1 Lorbeerblatt
1 Knoblauchzehe, geschält & in Scheiben geschnitten
1 EL Ingwer, geschält & fein gewürfelt

Gemüsebrühe, Zwiebel, Lorbeerblatt, Knoblauch & Ingwer in einen Topf geben. Kurz aufkochen lassen und weitere 5–10 Minuten bei niedriger Hitze abgedeckt vor sich hinköcheln lassen.

SUPPE
1 kleine rote Zwiebel, geschält & gewürfelt
300 g Hokkaidokürbis, gewaschen, entkernt & gewürfelt
2 kleine, säuerliche Äpfel, gewaschen, entkernt & gewürfelt
125 ml Weißwein (DODIS TIPP: Wenn man keinen Weißwein zur Hand hat, kann man alternativ frisch gepressten Orangensaft mit weißem Balsamicoessig vermischen.)
1 TL Currypulver
1 TL Koriandersamen, im Mörser zerstoßen
1 Prise Muskatnuss
1 Prise Zucker
Butter zum Anbraten
Salz & frisch gemahlener Pfeffer

In einem großen Topf die Butter schmelzen lassen und die Zwiebel darin glasig braten. Den Kürbis dazugeben, kurz mitschmoren, die Äpfel beigeben und so lange garen, bis der Kürbis zerfällt. Mit Weißwein ablöschen und noch ein paar Minuten köcheln lassen. Die Brühe dazugießen, Curry, zerstoßenen Koriander, Muskatnuss & Zucker hinzufügen und mit Salz & Pfeffer würzen. 15 Minuten einkochen lassen, das Lorbeerblatt rausfischen und das Ganze pürieren. Happy Suppung!

13. SEPTEMBER

FRITZE & FRATZE

Als wir das erste Mal in Lyon bei der Schwieger-Familie von Fratzes Schwester waren, also den Eltern von Fratzes Schwager, wurde uns eine famose »Tarte à la moutarde et tomates« kredenzt. Nun haben wir das Ganze in eine Vollkorngalette umgewandelt und Rucola dazugegeben. Wenn ihr mal keine Zeit habt: Fertig-Blätterteig kaufen, mit Senf beschmieren, Tomaten & Gruyère draufgeben, in den Ofen und fertig!

GALETTE MIT TOMATEN, SENF & RUCOLA

FÜR 2 PERSONEN

TEIG
200 g Vollkornmehl
150 g Butter, in kleine Stücke geschnitten
4 EL kaltes Wasser
Mehl zum Ausrollen
½ TL Salz
Butter für die Form

Alle Zutaten zu einem glatten Teig verkneten, in Folie wickeln und ½ Stunde in den Kühlschrank legen.

BELAG
3 EL Dijonsenf
2 Schalotten, geschält & in Halbringe geschnitten
5 gemischte Tomaten (wir hatten grüne, gelbe, rote & schwarze Tomaten), gewaschen, Strünke entfernt & in Scheiben geschnitten
100 g Gruyère, frisch gerieben
100 g Rucola, gewaschen
Olivenöl

Den Teig auf einer bemehlten Arbeitsfläche ca. 5 mm dick ausrollen und auf ein mit Backpapier ausgelegtes Backblech legen. JA! Nicht erst belegen und dann auf das Backblech legen: Das wird ein Drama geben … (siehe Fritzes Pizza-Aktion). Beim Belegen der Tarte 5 cm vom Rand aussparen, da dieser umgeklappt wird. Mit Senf bestreichen, erst die Schalotten, dann die Tomaten daraufschichten, mit dem Käse bestreuen und den Teig am Rand einklappen. Das gute Stück kommt nun für ca. 40 Minuten bei 180 Grad in den Ofen. Aus dem Ofen nehmen, Rucola darübergeben und mit ein wenig Olivenöl beträufeln.

15. SEPTEMBER

FRITZE
*Knödel in jeglicher Form erinnern mich an meine Familie. Zwar bin ich in Potsdam
aufgewachsen, geboren aber bin ich in Thüringen, meiner Meinung nach »DIE
Toskana Deutschlands«. (**ANM. FRATZE:** Ich glaub mein Schwein pfeift.)
Ein Paradies für jeden Kloß-Knödel-Liebhaber. Meine Eltern sind Kartoffelkloß-
Könige. Leider braucht man für die Herstellung dieser Klöße besondere Geräte,
deshalb gibt es in diesem Kochbuch kein Kloßrezept. Zu Weihnachten werde ich euch
allerdings den Thüringer Stollen à la Mama backen. Heute koche ich aber erst mal
Semmelknödel mit Pilzen, leider nicht im Thüringer Wald gesammelt ...*

SEMMELKNÖDEL MIT PILZEN

FÜR 3 PERSONEN

PILZE
1 kleine Zwiebel, geschält & fein gewürfelt
600 g gemischte Pilze (zum Bsp. Kräutersaitlinge, Shiitake, Austernpilze,
Schwärzender Pfifferling, Holzraslinge. Zur Not tun es auch braune Champignons),
geputzt & in Scheiben geschnitten
250 g Crème fraîche
200 ml trockener Weißwein
½ Bund Petersilie, gehackt
Olivenöl zum Anbraten
Meersalz & frisch gemahlener Pfeffer

Zwiebel in Olivenöl glasig braten, Pilze dazugeben und etwa 5–10 Minuten kross
braten, mit Weißwein ablöschen und Crème fraîche unterrühren. Weitere
4 Minuten bei mittlerer Hitze köcheln lassen. Immer wieder umrühren. *Sollte die
Sauce zu sehr einkochen, etwas Wasser oder Weißwein dazugeben.*
Zum Schluss mit Meersalz & Pfeffer abschmecken.

SEMMELKNÖDEL
4 Brötchen oder 1 Baguette vom Vortag (ca. 200 g), in feine Würfel geschnitten
125 ml Milch, lauwarm
1 Zwiebel, geschält & fein gewürfelt
2 Eier
Olivenöl zum Anbraten
Salz & frisch gemahlener Pfeffer
(eventuell Mehl)

Die gewürfelten Brötchen in eine große Schüssel geben und die Milch darübergießen. Etwa 20 Minuten quellen lassen. In der Zwischenzeit die Zwiebel in einer
Pfanne mit Olivenöl glasig braten.

Die eingeweichten Brötchen mit Eiern & angebratener Zwiebel vermengen, bis ein glatter Teig entstanden ist, und mit Salz & Pfeffer abschmecken. Wenn die Masse zu klebrig oder flüssig ist, etwas Mehl hinzugeben. Danach zu Kugeln formen – sollte etwa 6 mittelgroße Knödel ergeben. *Mit angefeuchteten Händen formt es sich leichter.* In einem großen Topf ausreichend Wasser mit Salz zum Kochen bringen, Hitze minimieren und nun die Knödel darin etwa 20 Minuten zugedeckt ziehen lassen. Knödel vorsichtig aus dem Wasser nehmen und abtropfen lassen, mit den Pilzen auf Tellern anrichten und mit Petersilie bestreuen.

16. SEPTEMBER

FRATZE

Liebe weibliche Leserinnen!
Beobachtet mal bitte, wie Männer ihre Frauen in der Öffentlichkeit behandeln. Frauen werden hochgehoben, der Arm wird besitzergreifend um sie gelegt, es wird der Po betätschelt, auf Nasen wird gestupst und, als seien sie nicht ganz zurechnungsfähig, werden ihnen Türen aufgehalten, Handtaschen getragen etc. Also statuiere ich ein Exempel. Alles, was ich beobachte, kehre ich um und vollführe es an meinem Fritze. Erstaunlichst, wie die Außenwelt darauf reagiert. Der Fritze findet es leider gar nicht lustig, aber da muss er durch. Wir müssen gemeinsam für die Geschlechtergleichheit kämpfen. Eine Fratze, ein Fritze und ihr auch!

FRITZE

Die ist nicht mehr ganz knorke. Ich tätschel ihr weder im Gesicht rum, noch am Po, noch hebe ich sie hoch etc. Taschen tragen darf, HALT, durfte ich bisher zur Genüge. Das ist immerhin ein netter Nebeneffekt. Ich habe mich mal in die Küche zurück-gezogen und ALOO GOBI gekocht. So schön der Name ist, so lecker ist das Essen.

ALOO GOBI, BLUMENKOHL-KARTOFFEL-CURRY

FÜR 4 PERSONEN

1 mittelgroßer Blumenkohl, gewaschen, Strunk entfernt & in Röschen zerteilt
1,5 TL gemahlener Kreuzkümmel
1 TL gemahlener Ingwer
1 TL gemahlener Kurkuma
1 grüne Chilischote, gewaschen & fein gewürfelt
4 mittelgroße Kartoffeln, geschält & grob gewürfelt
100 ml Wasser
½ Bund Koriander, gewaschen & gehackt
Pflanzenöl zum Anbraten
Salz & frisch gemahlener Pfeffer

Einen Topf mit Wasser und etwas Salz zum Kochen bringen, den Blumenkohl dazugeben, wieder aufkochen und nach einer Minute blubbern den Blumenkohl herausnehmen – nennt sich auch blanchieren. Pflanzenöl in einer Pfanne erhitzen, die Gewürze & Chilischote dazugeben und 30 Sekunden braten, so entfalten sich die Aromen besonders schön. Die Kartoffeln dazugeben, kurz anbraten und mit etwa 100 ml Wasser ablöschen. Zugedeckt so lange köcheln lassen, bis die Kartoffeln al dente sind, eventuell muss man weiteres Wasser dazugeben. Den Blumenkohl dazugeben und alles so lange kochen, bis das Gemüse gar ist. Mit Salz & Pfeffer abschmecken und mit Koriander bestreuen.

FRITZE & FRATZES BEILAGENTIPP: Basmatireis und für Nicht-Veganer: Joghurt!

18. SEPTEMBER

FRITZE & FRATZE
Guten Tag, liebe Menschen.
Aus diesem mexikanischen Frühstück ist unsere liebste Mexican-Bowl von Seite 159
entstanden. Und das hat natürlich seinen Sinn, denn man kann ja nicht immer nur
Huevos Rancheros essen. Heute aber schon! Übersetzt heißen sie übrigens »Ranger's
Eggs«. Buen provecho!

HUEVOS RANCHEROS

FÜR 4 PERSONEN

GUACAMOLE – Rezept Seite 10
SCHWARZE BOHNENPASTE – Rezept Seite 159

REST
4 Eier
4 Mais-Tortillas, nach Packungsanleitung aufgewärmt
1 rote Zwiebel, geschält & in Halbringe geschnitten
½ **Salatgurke**, gewaschen, entkernt & gewürfelt
10 Cocktailtomaten, gewaschen & geviertelt
1 Handvoll Koriander, gewaschen & grob gehackt
1 Limette, gewaschen & geviertelt – zum Servieren
Olivenöl zum Anbraten
Meersalz & frisch gemahlener Pfeffer

Olivenöl in einer Pfanne erhitzen und die Eier als Spiegeleier braten.
(Siehe Seite 79.) Nun wie folgt die Tortillas belegen: erst die Bohnenpaste, dann
die Guacamole darauf streichen und nun Zwiebel, Gurke, Cocktailtomaten &
Koriander drüberstreuen. Jeweils einen Limettenschnitz dazulegen und JAUSEN!

20. SEPTEMBER

FRITZE & FRATZE
HAPPY BIRTHDAY TO DODI! Heute ist Dodis Geburtstag. Fratzes lustige Schwester mit französischem Mann und tollsten Kindern ist auch in London, und wir bringen die Schuhschachtel zum Platzen. Zu Ehren dieser besonderen Knüller-Frau gibt es SPAGHETTI FRUTTI DI MARE, Champagner, Wein, Fondant au chocolat und Spaß. Feierlaunige Grüße!

LINGUINE FRUTTI DI MARE

FÜR 4 PERSONEN

600 g Venusmuscheln
2 große Tintenfische, vom Fischhändler gesäubert & in Ringe geschnitten, Beinchen ganz gelassen
12 rohe Garnelen, gewaschen & entdarmt
1 große Zwiebel, geschält & fein gewürfelt
3 Knoblauchzehen, geschält & zerdrückt
500 g Cocktailtomaten, gewaschen & geviertelt
1 EL Agavendicksaft
200 ml trockener Weißwein
500 g Linguine, nach Packungsanleitung al dente gekocht
1 Bund glatte Petersilie, gewaschen & gehackt
Olivenöl zum Anbraten
Meersalz & frisch gemahlener Pfeffer

Venusmuscheln sorgfältig putzen, dabei geöffnete und beschädigte wegwerfen und den Rest eine halbe Stunde in kaltes, gesalzenes Wasser legen – am besten mit einer halben Chilischote, damit die Muscheln den Sand ausspucken.

In einer Pfanne mit Olivenöl den Tintenfisch samt den Krakenbeinchen etwa 4 Minuten scharf anbraten. Beiseitestellen. In einer weiteren Pfanne die Garnelen mit Olivenöl von jeder Seite 2 Minuten anbraten. Beiseitestellen. Und wiederum in einer Pfanne mit Olivenöl Zwiebel und Knoblauch glasig braten, Cocktailtomaten, Agavendicksaft & Weißwein dazugeben und bei mittlerer Hitze etwa 15 Minuten köcheln lassen. Salzen & pfeffern. *Pfanne 1–3 kann natürlich auch ein und dieselbe sein.* Die gut abgetrockneten Muscheln dazugeben und so lange köcheln lassen, bis sie sich öffnen – nicht-geöffnete entsorgen. Garnelen und Tintenfisch untermischen und weitere 2 Minuten köcheln lassen. Bei Bedarf immer wieder Wein dazugeben. Zum Schluss alles Meeresgetier zu den gekochten Nudeln geben, durchmischen, Petersilie drüberstreuen und jausen. Njammerichst!

29. SEPTEMBER

FRITZE
Heute hat Fratze sich selbst übertroffen. Ich komme abends nach Hause, und sie klopft mit dem Hammer auf einen Eisklotz.

FRITZE: Was zum Teufel machst du da?
FRATZE: Auf einen Eisklumpen hauen.
FRITZE: Aha. Und warum?
FRATZE: Ich habe letzte Woche meine Kreditkarte in einen Plastikbeutel mit Wasser eingefroren, um mich selbst zu erziehen und nicht so viel Geld auszugeben. Aber jetzt brauche ich sie halt doch wieder.
FRITZE: Kreditkarte? Magnetstreifen? Wasser? Gefroren?
FRATZE: In der Tat.

FRITZE
Und wer auf Eisklumpen haut, hat selbstverständlich keine Zeit zu kochen. Darum haben wir, nachdem die Kreditkarte befreit war, ein famoses, schnelles Brot kreiert.

BROT MIT ROQUEFORT, BIRNEN & WALNÜSSEN

FÜR 2 BROTE

2 Scheiben Vollkornbrot
100 g Roquefort
1 kleine Birne, gewaschen, entkernt & in Spalten geschnitten
8 Walnusshälften
Walnussöl zum Anbraten (Olivenöl tut's auch)

Etwas Walnussöl in einer (Grill-)Pfanne erhitzen und die Birnen von jeder Seite kurz anbraten. Mit Küchenpapier abtupfen. ZICKZACK: Brot mit Roquefort bestreichen, Birnen drauflegen und Walnüsse darüberstreuen. Fertig!

FREILANDWARE GROSSES ANGEBOT:

Äpfel, Birnen, Chinakohl, Endivie, Feldsalat, Fenchel, Haselnüsse, Kartoffeln, Kürbis, Lauch, Karotten, Pastinaken, Quitten, Radicchio, Rosenkohl, Rote Bete, Rotkohl, Schwarzwurzeln, Spinat, Sellerieknollen, Walnüsse, Weißkohl, Spitzkohl, Wirsing

FREILANDWARE GERINGES ANGEBOT:

Auberginen, Bataviasalat, Blumenkohl, grüne Bohnen, Brokkoli, Chicorée, Eichblattsalat, Eisbergsalat, Grünkohl, Salatgurken, Kohlrabi, Kopfsalat, Lollo Rosso, Mais, Mangold, Paprika, Radieschen, Rettich, Stangensellerie, Tomaten, Zucchini, Zwiebeln

Ribollita, toskanische Bohnensuppe

Pho Bo

Katrins Linsengericht

Khoresht Fesenjan

Tempura

Zucchini-Nudelsalat mit Spinat-Pesto

Herbstsalat

OKTOBER

3. OKTOBER

FRITZE & FRATZE

Halsweh, Kopfweh, Gliederschmerzen. Wir sind krank. Unisono. Dennoch soll nicht schlecht gespeist werden. Und eine Suppe ist genau das Richtige. Hust, schnupf, hatschi!

RIBOLLITA, TOSKANISCHE BOHNENSUPPE

FÜR 4 PERSONEN

2 kleine rote Zwiebeln, geschält & in Halbringe geschnitten
3 Knoblauchzehen, geschält & zerdrückt
3 Karotten, geschält & in Scheiben geschnitten
1 große Lauchstange, gewaschen & in Scheiben geschnitten
2 Kartoffeln, geschält & grob geschnitten
1x Dosentomaten (400 g)
3 EL Tomatenmark
1 l Wasser
8 Salbeiblätter, gewaschen
200 g Grünkohl, gewaschen, geputzt & klein geschnitten
400 g gekochte Riesenbohnen, gewaschen
Olivenöl zum Anbraten
Meersalz & frisch gemahlener Pfeffer

Olivenöl in einem großen Topf erhitzen, Zwiebeln & Knoblauch darin anschwitzen, Karotten, Lauch & Kartoffeln dazugeben und 5 Minuten anbraten. Immer wieder gut umrühren, damit nichts anbrennt. Dosentomaten, Tomatenmark und 1 Liter Wasser hinzugeben und zugedeckt 20 Minuten bei mittlerer Hitze kochen. Salbeiblätter, Grünkohl & Riesenbohnen mit in den Topf geben und ohne Deckel etwa 5–8 Minuten köcheln lassen. Eventuell muss man weiteres Wasser dazugeben. Salzen & pfeffern. Und piff, paff ist man schon ein Stückchen gesünder.

6. OKTOBER

FRITZE & FRATZE
Hallo, peeps. So langsam geht es uns besser. Zwar suppieren wir immer noch, aber schon etwas ausgefallener. Lecker, lecker, lecker! Ab morgen sind wir wieder putzmunter. Beschlossene Sache!

Pho bo

FÜR 4 PERSONEN

BRÜHE
1 **Zwiebel**, geschält & in Halbringe geschnitten
1 **Karotte**, geschält & in grobe Stücke geschnitten
2 **Stangen Staudensellerie**, geschält & in grobe Stücke geschnitten
4–5 cm **großes Stück Ingwer**, geschält & gewürfelt
7 **Anissterne**
5 **Gewürznelken**
1 **Zimtstange**
3 l **Gemüsebrühe** (Rinderbrühe kann man natürlich auch nehmen)
8 EL **Fischsauce**
Pflanzenöl zum Anbraten
frisch gemahlener Pfeffer

Pflanzenöl in einem großen Topf heiß werden lassen, die Zwiebel, Karotte, Staudensellerie & Ingwer darin gülden braten. Die Gewürze (Anissterne, Gewürznelken & Zimtstange) dazugeben und etwa eine halbe Minute unter ständigem Rühren anbraten, mit Gemüsebrühe ablöschen und mit Fischsauce salzen. Aufkochen lassen, Hitze reduzieren und zugedeckt etwa 1,5 Stunden köcheln lassen. Dann durch ein Sieb passieren, sodass man nur noch die Brühe hat, logisch, ne? Eventuell muss man mit Fischsauce nachwürzen.

SUPPENZEUG
3 **Frühlingszwiebeln**, gewaschen & in feine Röllchen geschnitten
100 g **Sojasprossen**, gewaschen
½ **Bund Koriander**, gewaschen & gehackt
8 **Blätter Thai-Basilikum**, gewaschen
1–2 **Chilischoten**, gewaschen & fein gewürfelt (Menge und Kerne je nach Schärfewunsch)
2 **Limetten**, gewaschen & geviertelt – zum Servieren
250 g **Reisbandnudeln**, nach Packungsanleitung al dente gekocht
150 g **Rinderrücken (oder Filet)**, gewaschen, abgetupft & in schmale Streifen geschnitten

Frühlingszwiebeln, Sojasprossen, Koriander, Thai-Basilikum, Chilis & Limettenschnitze auf kleine Schüsseln verteilen und auf den Tisch stellen. Nudeln & Rindfleisch für jeden Menschen in eine Schale geben und mit der heißen Brühe übergießen. Nun nach Belieben »Toppings« dazumischen.
So einfach, so lecker, so toll. AHOI!

10. OKTOBER

FRITZE & FRATZE

Es gibt Gerichte, nach denen man süchtig wird. Dieses hier ist so eines, kreiert von unserer Freundin Katrin. Als sie uns das zum ersten Mal gekocht hat – damals wohnte Fratze noch in Berlin –, haben wir uns auf dem Heimweg in einem Späti alle Zutaten zusammengesucht und es sogleich am nächsten Morgen zum Frühstück nachgekocht. ACHTUNG: SUCHTGEFAHR!

KATRINS LINSENGERICHT

FÜR 2 VERFRESSENE PERSONEN

50 g Serrano-Schinken, klein geschnitten
1 kleine rote Zwiebel, geschält & gewürfelt
2 Karotten, geschält & in dünne Scheiben geschnitten
200 g braune Linsen, nach Packungsanleitung gar gekocht
5 Salbeiblätter, gewaschen & fein geschnitten
100 g Feta, gewürfelt
Olivenöl zum Anbraten
Salz & frisch gemahlener Pfeffer

Olivenöl in einer Pfanne heiß werden lassen, Serrano-Schinken, Zwiebel & Karotten darin kross braten. Gekochte Linsen, Salbei & Feta in die Pfanne geben und alles miteinander vermengen. Mit Salz & Pfeffer abschmecken, auf Tellern anrichten und essen. Danke, Frau Katrin!

12. OKTOBER

FRATZE

Hallihallo aus Zürich. Persisches Essen und Zürich sind für mich sehr eng miteinander verbunden, denn hier wohnt unsere Freundin Norina. Sie ist Halb-Iranerin und hat mich und uns schon oft mit persischem Essen beglückt. Außerdem ist sie unsere Safran-Händlerin. (Ihre Mutter importiert ihn für uns aus dem Iran.)
Von ihr wissen wir auch, dass man idealerweise niemals ganze Safranfäden in das Essen gibt, sondern sie immer zunächst im Mörser zermahlen sollte, da sie sich sonst nicht auflösen und ihren Geschmack nicht vollends entfalten.
Khoresht Fesenjan ist mein persisches Lieblingsessen. Ins Deutsche übersetzt heißt es:
»Genieße, und du wirst leben.« Und dieses Mal habe ich ihr das Original-Familien-Rezept abgeluchst – ab an den Herd, Freunde!

KHORESHT FESENJAN

FÜR 4 PERSONEN

1 Zwiebel, geschält & fein gewürfelt
500 g Hühnerbrust, gewaschen, abgetrocknet & gewürfelt
200 g entkernte Baumnüsse (Ist das nicht süß? Schweizerisch für Walnüsse), gemahlen
100 ml Granatapfelmolasse (bekommt man in türkischen oder arabischen Geschäften)
300 ml Wasser
1 TL gemahlener Kurkuma

1 TL Safranfäden, im Mörser zerstoßen
Kerne von einem Granatapfel (FRITZE & FRATZES TIPP: Granatapfel hälften und
mit einem Holzlöffel draufklopfen, dann purzeln die Kerne nach einer Weile ohne
das Weiße heraus.)
Pflanzenöl zum Anbraten
Salz

Pflanzenöl in einer Pfanne heiß werden lassen und die Zwiebel darin glasig braten.
Die gewürfelten Hühnerbrüste dazugeben und goldbraun braten, gemahlene
Walnüsse hinzufügen und nach ca. 2 Minuten mit Granatapfelmolasse und
300 ml Wasser ablöschen. Kurkuma & Safran dazugeben und zugedeckt 1–1,5
Stunden einkochen lassen. Das Huhn sollte zerfallen sein. Auf Tellern anrichten
und mit Granatapfelkernen bestreuen.

FRITZE & FRATZES BEILAGENTIPP: Basmatireis mit ½ TL Kurkuma gekocht.

14. OKTOBER

FRITZE
Schuhschachtel, Fritze, Ruhe. Fratze mag Frittiertes nicht so sehr, ich dafür umso mehr. Und während sie durch Europa kurvt, mache ich einen kleinen Kochausflug nach Japan.

TEMPURA

FÜR 2 PERSONEN

TEIG
1 Eigelb
1 Tasse kaltes Mineralwasser
1 Tasse Mehl
1 TL Salz

GEMÜSE
1 **Zucchini**, gewaschen, geputzt & in Stifte geschnitten
2 **Karotten**, geschält & in Stifte geschnitten
1 **Paprika**, gewaschen, geputzt & in Streifen geschnitten
1 **kleiner Blumenkohl**, gewaschen & in ca. 2 cm große Stücke geschnitten
ÖL
1 l **Pflanzenöl** zum Frittieren

SAUCE
2 EL Sojasauce
1 EL Reisessig
2 EL Wasser
1 **rote Chilischote**, gewaschen & fein gehackt

Für den Teig das Eigelb mit dem Mineralwasser gut vermischen, Mehl & Salz dazugeben und zu einem flüssigen Teig verrühren. Das Pflanzenöl in einem Topf heiß werden lassen. Gemüse in den Teig tauchen, überschüssigen Teig abschütteln und das ummantelte Gemüse in das heiße Öl tauchen. *Immer nur ca. 6 Stück, denn das Gemüse braucht Platz zum Schwimmen.* Wenn es leicht braun geworden ist, herausnehmen und auf Küchenpapier gut abtropfen lassen. Für die Sauce einfach alle Zutaten miteinander vermengen. Tempura in die Sauce dippen und mampfen. LECKERST!!!

19. OKTOBER

FRATZE

Ich sause, sause, sause im Eileflug. Zürich, kurz London, nun Hamburg. Hier wohnt auch meine Laurie-Freundin. Hach. Sie ist fast so etwas wie eine Schwester für mich. Wir haben zusammen studiert, bei ihrer bezaubernden Familie habe ich während des Studiums 2 Jahre lang gewohnt, danach hatten wir eine WG in Zürich gemeinsam mit einer ihrer Schwestern, und Patentante ihres ersten Kindes bin ich auch. Und wie könnte es anders sein: Sie ist auch ein Jausen-Bruder. Besonders diese Zucchini-Nudeln von ihr haben es mir angetan. Das Rezept hat sie wiederum von der Schwester ihres Freundes. DANKE an Nina (unbekannterweise)!

ZUCCHINI-NUDELSALAT MIT SPINAT-PESTO

FÜR 2 PERSONEN

ZUCCHININUDELN
2 mittelgroße Zucchini (wir haben 1 grüne & 1 gelbe genommen), gewaschen, geputzt & zu Spaghettis »gedreht«

PESTO
12 Walnusshälften
5 in Öl eingelegte, getrocknete Tomaten
2 Datteln
2 EL Aceto Balsamico
1 Handvoll Babyspinat, gewaschen
5 EL Olivenöl
Meersalz & frisch gemahlener Pfeffer

Alle Pesto-Zutaten in einem Mixer pürieren und mit Salz & Pfeffer abschmecken. Unter die Zucchini-Nudeln mischen und fertig ist diese gesunde, leckere Speise!

FRITZE & FRATZES TIPP: Wir haben einen Spiralschneider für die Zucchininudeln. Wer keinen hat, kann erst mal mit dem Sparschäler vorliebnehmen und quasi Zucchini-Tagliatelle machen.

28. OKTOBER

FRITZE & FRATZE
Rote Bete ist ja für manche Leute nicht nur bildlich gesprochen ein ROTES TUCH.
Wir glauben, das liegt daran, dass viele nur diese fürchterliche eingeschweißte
Rote Bete kennen. Würden einem denn völlig verkochte eingeschweißte Karotten
schmecken? Eben! Frische Rote Bete muss einfach jeder mögen.
Probiert es mal aus, ihr Feinde unserer geliebten Knolle!

HERBSTSALAT

FÜR 4 PERSONEN

VINAIGRETTE
2 Knoblauchzehen, geschält & gewürfelt, mit Salz bedeckt & mit der Messerspitze zerdrückt
1 TL Agavendicksaft
1 TL Senf
2 EL weißer Balsamicoessig
8 EL Olivenöl
Meersalz & frisch gemahlener Pfeffer

Für die Vinaigrette Knoblauch, Agavendicksaft, Senf, Essig & Olivenöl in einer kleinen Schüssel gut verquirlen und mit Meersalz & Pfeffer abschmecken.

SALAT
100 g Rucola
2 mittelgroße Rote Bete, geschält & geraspelt
1 Apfel, gewaschen & geraspelt
3 Karotten, geschält & geraspelt
1 rote Zwiebel, geschält & geraspelt
12 Walnusskernhälften
¼ Bund Petersilie, gewaschen & grob gehackt

In einer großen Schüssel Rucola, Rote Bete, Apfel, Karotten, Zwiebel & Walnüsse mit der Vinaigrette gut vermengen, Petersilie drübergeben und auf den Tisch stellen. Zickezacke!

FRITZE & FRATZES TIPP: Für Nicht-Veganer empfehlen wir Ziegenkäse dazu zu verspeisen!

FREILANDWARE GROSSES ANGEBOT:
Äpfel, Birnen, Chicorée, Chinakohl, Endivie, Feldsalat, Grünkohl,
Lauch, Pastinaken, Radicchio, Rosenkohl, Rote Bete, Rotkohl,
Schwarzwurzeln, Spinat, Sellerieknollen, Weißkohl, Spitzkohl

FREILANDWARE GERINGES ANGEBOT:
Bataviasalat, Blumenkohl, Brokkoli, Eichblattsalat,
Eisbergsalat, Fenchel, Haselnüsse, Kohlrabi, Kopfsalat,
Kürbis, Lollo Rosso, Mangold, Quitten,
Radieschen, Walnüsse, Wirsing

LAGERWARE:
Kartoffeln, Karotten, Rettich, Zwiebeln

Teriyaki-Lachs-Bowl
Wasserkresse mit Süßkartoffeln, Salbei & Stilton
Banana-Bread mit Schokolade
Brot mit Pilzen & Trüffelöl
Spaghetti Carbonara mit entblättertem Rosenkohl
Krautsalat mit Tahin-Zitronen-Sauce
Chia-Pudding mit Passionsfrucht

NOVEMBER

1. NOVEMBER

FRATZE
NIE, NIE, NIE MEHR WOLLEN WIR ETWAS ANDERES ESSEN. Ach du meine Güte! Was ist das denn? Das ist kein Essen, das ist ein Feenschweif, ein Einhorn-Essen, ein … mir fehlen die Worte.

FRITZE
Lecker war's.

TERIYAKI-LACHS-BOWL

FÜR 2 EINHÖRNER

CHAMPIGNONS
1 kleine Schalotte, geschält & gewürfelt
250 g braune Champignons, geputzt, geschält & geviertelt
Pflanzenöl zum Anbraten
Salz & frisch gemahlener Pfeffer

In einer Pfanne Pflanzenöl heiß werden lassen und Schalotte & Champignons darin etwa 5 Minuten unter ständigem Rühren braten. Mit Salz & Pfeffer würzen.

TERIYAKI-SAUCE
180 ml Sojasauce
180 ml Reiswein (Mirin)
120 g brauner Zucker
2 Knoblauchzehen, geschält & zerdrückt
4–5 cm großes Stück Ingwer, geschält & fein gerieben

In einem kleinen Topf alle Zutaten aufkochen, Hitze reduzieren und köcheln lassen, bis eine schöne, dicke Sauce entstanden ist. Etwa 5–10 Minuten dauert das. Beiseitestellen und abkühlen lassen.

SUSHI-REIS
150 g Sushi-Reis
¼ l Wasser
2 EL Reisessig
1 EL Reiswein (Mirin)
1 TL Vollrohrzucker
Salz

Den Reis in ein Sieb geben und so lange waschen, bis das Wasser klar ist. Reis mit Wasser, Reisessig, Reiswein & Vollrohrzucker in einen Topf geben, etwas salzen und aufkochen lassen. Die Hitze reduzieren und zugedeckt quellen lassen, bis das Wasser komplett aufgenommen wurde bzw. der Reis gar ist.

LACHS
2 Lachsfilets (mit Haut, wenn möglich)
1 EL weiße Sesamsamen
Pflanzenöl zum Anbraten

Die Lachsfilets eine halbe Stunde in ¼ der Teriyaki-Sauce marinieren. Eine Pfanne heiß werden lassen, Pflanzenöl erhitzen und die Lachsfilets (davor die Sauce abtropfen lassen, diese aufheben) darin auf der Fleischseite 1 Minute anbraten, dann wenden und die Hitze reduzieren. Die Sauce, die zum Marinieren verwendet wurde, kommt jetzt wieder zum Einsatz. Man begießt den Lachs damit und lässt ihn darin 3–4 Minuten bei mittlerer Hitze ziehen. Ein weiteres Viertel der Teriyaki-Sauce währenddessen nach und nach über den Fisch geben.

REST
1 Handvoll Babyspinat, gewaschen
1 Avocado, geschält, entkernt & in Scheiben geschnitten
2 Karotten, geschält & geraspelt
2 Frühlingszwiebeln, gewaschen, Enden entfernt & in Röllchen geschnitten

Auf Tellern Sushi-Reis, Babyspinat, Champignons, Karotten & Avocado hübsch anrichten (siehe Foto), die verbleibende Sauce darüber verteilen, den Lachs drauflegen, diesen mit Sesam bestreuen, Frühlingszwiebeln drüber und UFFTATA: FERTIG!

4. NOVEMBER

Was ist nur los mit uns? Eine Bombe folgt der anderen. Wie kam das in unsere Köpfe?
Wir sind Gigantomaten der Esskultur.
Eure bescheidenen Spackos!

WASSERKRESSE MIT SÜSSKARTOFFELN, SALBEI & STILTON

FÜR 2 PERSONEN

SÜSSKARTOFFELN
2 **Süßkartoffeln**, geschält & in 1 cm große Scheiben geschnitten
1 EL **Agavendicksaft**
2 EL **Olivenöl**
Meersalz & frisch gemahlener Pfeffer

Süßkartoffeln, Agavendicksaft & Olivenöl in einer Schüssel miteinander
vermischen, salzen & pfeffern und auf ein mit Backpapier ausgelegtes Backblech
befördern. Im vorgeheizten Ofen bei 200 Grad etwa 30 Minuten backen. Wenn die
eine Seite knusprig ist, wenden.

8. NOVEMBER

MORGENWONNE
Ich bin so knallvergnügt erwacht.
Ich klatsche meine Hüften.
Das Wasser lockt. Die Seife lacht.
Es dürstet mich nach Lüften.

Ein schmuckes Laken macht einen Knicks
Und gratuliert mir zum Baden.
Zwei schwarze Schuhe in blankem Wichs
Betiteln mich »Euer Gnaden«.

Aus meiner tiefsten Seele zieht
Mit Nasenflügelbeben
Ein ungeheurer Appetit
Nach Frühstück und nach Leben.
JOACHIM RINGELNATZ

Kleine Anmerkung am Rande: *Wenn wir dichten könnten, wären wir Joachim Ringelnatz, wenn wir eine Romanfigur wären, wären wir Karlsson vom Dach und wenn wir ein Musikinstrument wären, dann wären wir ein Dudelsack.*

Zum Rezept: *Ein Frühstück, das man in London in jedem Café oder Restaurant serviert bekommt, ist »Sourdough bread with mushrooms«. Sehr schnell gemacht und auch zu anderen Tageszeiten lecker. Wir haben es mit Trüffelöl und Kresse gepimpt.*

BROT MIT PILZEN & TRÜFFELÖL

FÜR 2 BROTE

1 Schalotte, geschält & fein gewürfelt
250 g braune Champignons oder Riesenchampignons, in Scheiben geschnitten
2 Scheiben Bauernbrot
Salzbutter zum Bestreichen
2 EL Kresse, gewaschen
Trüffelöl
Olivenöl zum Anbraten
Meersalz & frisch gemahlener Pfeffer

Olivenöl in einer Pfanne heiß werden lassen und die Schalotte darin kurz anschwitzen, die Pilze dazugeben, kross braten und mit Salz & Pfeffer abschmecken. Die Brote dünn mit Salzbutter bestreichen, Pilze darauf geben, dann die Kresse und zu guter Letzt das Trüffelöl drüberträufeln. Knick-knack, Zick-zack!

14. NOVEMBER

FRITZE
So, Leute. Spaghetti Carbonara sind eine gourmöse Freude. Italien meets Germany.
Zu ORIGINAL (keine Sahne-Pampe) Carbonara gibt's entblätterten Rosenkohl.
Wohl bekomm's.

FRATZE: *Was'n mit dir los? Gourmöse und entblättert?*
FRITZE: *Ja. Witzig, ne?*
FRATZE: *Ich würde mich jetzt gerne über das Niveau der Witze beschweren … ABER*
ICH FIND'S LUSTIG!

SPAGHETTI CARBONARA MIT ENTBLÄTTERTEM ROSENKOHL

FÜR 2 PERSONEN

2 Knoblauchzehen, geschält & in feine Scheiben geschnitten
100 g gewürfelter Speck
10–15 Rosenköhlchen, geputzt & entblättert (means: Strünke & äußere Blätter
entfernt & Blätter einzeln abgezupft)
2 Eigelb
100 g Parmesan, frisch gerieben
250 g Spaghetti, nach Packungsanleitung al dente gekocht
½ Handvoll Thymianblättchen, gewaschen
Olivenöl zum Anbraten
Meersalz & frisch gemahlener Pfeffer

Knoblauch und Speck in etwas Olivenöl kurz anschwitzen, die Rosenkohlblätter
dazugeben und 1 Minute mitbraten. Beiseitestellen. Die Eigelbe verquirlen und den
Parmesan untermischen. Die gekochten, noch heißen Spaghetti mit den angebratenen Leckereien in einer Schüssel gut durchmischen und sogleich die
Käse-Eigelb-Mischung dazugeben. Sehr gut vermischen, damit es keine klumpige
Sauce gibt. *Das Eigelb wird durch die Wärme der Spaghetti gar, dennoch empfiehlt
es sich, bestes, frisches Bio-Ei zu verwenden.* Thymian untermischen, gut pfeffern
und nach Bedarf salzen.

21. NOVEMBER

FRITZE & FRATZE
Momentan gibt es die saftigsten Kohlköpfe des Jahres. Wir haben die Köhlchen ein wenig orientalisiert mit Joghurt-Tahin-Zitronen-Sauce, dazu gibt es noch Granatapfelkerne. HUI! Eine Pracht!

KRAUTSALAT MIT TAHIN-ZTRONEN-SAUCE

FÜR 6 GROSSE PORTIONEN

VINAIGRETTE
250 g Naturjoghurt
Saft von 1,5 Zitronen
2 EL Tahin (Sesampaste)
1 TL gemahlener Kreuzkümmel
5 EL Olivenöl
Meersalz & frisch gemahlener Pfeffer

REST
1 kleiner Rotkohl, gewaschen, geputzt & fein geschnitten
1 kleiner Weißkohl, gewaschen, geputzt & fein geschnitten
(FRITZE & FRATZES TIPP: Strünke & äußere Blätter entfernen, jeden Kohl in vier Stücke teilen & dann in dünne Streifen schneiden.)
Kerne von 1 Granatapfel (FRITZE & FRATZES TIPP: Granatapfel hälften und mit einem Holzlöffel draufklopfen, dann purzeln die Kerne nach einer Weile ohne das Weiße heraus.)
2 Frühlingszwiebeln, gewaschen & in Röllchen geschnitten

Für die Vinaigrette alle Zutaten miteinander vermischen und mit dem Kohl vereinigen. Am besten über Nacht in den Kühlschrank stellen und am nächsten Tag probieren, gegebenenfalls nachwürzen. Eventuell auch mit etwas weißem Balsamicoessig abschmecken. Mit Granatapfelkernen und Frühlingszwiebeln bestreuen. Wohl bekomm's!

30. NOVEMBER

Kennt ihr Chia-Samen? Okay, mich bekommt man leicht rum. Ich glaube alles, was mir die Gesundheitsindustrie erzählt, aber Chia-Samen mag ich besonders gerne und der Fritze auch. Auf Obstsalate gestreut, ebenso auf Salate, aber auch als Pudding sind sie wirklich lecker. Ich musste ein wenig testen mit dem Pudding, die ersten Versuche hatten eher eine klebstoffartige Masse zur Folge. Aber dieses Rezept ist nun prächtig. Die Gesundheitsdaten in Kurzform: Sie enthalten hochwertige Proteine, 8 essenzielle Aminosäuren, die der Körper nicht selbst herstellen kann, 5-mal so viel Kalzium wie Milch, haben einen hohen Gehalt an Antioxidantien & wichtige Omega-3-Fettsäuren. Quasi die HIP-HOPPER unter dem Superfood.

CHIA-PUDDING MIT PASSIONSFRUCHT

FÜR FRITZE & FRATZE

20 g Chia-Samen
2 EL Agavendicksaft
Mark einer Vanilleschote
40 ml Mandelmilch
40 ml Kokosnussmilch
1 **Passionsfrucht**, Fruchtfleisch rausgekratzt

Chia-Samen, Agavendicksaft, Vanillemark, Mandelmilch und Kokosnussmilch gut miteinander vermischen.
In zwei Gläschen füllen und über Nacht in den Kühlschrank stellen. Am nächsten Morgen, wenn der Pudding zu fest geworden sein sollte, etwas Mandelmilch dazugeben. Das Fruchtfleisch der Passionsfrucht obendrauf geben und rein in die Schlünde damit!

FREILANDWARE GROSSES ANGEBOT:
Chicorée, Feldsalat, Grünkohl, Rosenkohl

FREILANDWARE GERINGES ANGEBOT:
Chinakohl, Endivie, Kürbis, Pastinaken, Spinat, Wirsing

LAGERWARE:
Äpfel, Kartoffeln, Karotten, Rettich, Rote Bete, Rotkohl,
Schwarzwurzeln, Sellerieknollen, Weißkohl, Spitzkohl, Zwiebeln

Huhn, Kartoffeln & Rosenkohl

Bruna Bröd

Elisenschnitten

Stollen à la Mama

Gin mit Granatapfel & Thymian

Sausage Rolls

Mousse di Tonno

Ossobuco mit Risotto Milanese

Dodis Obstsalat

DEZEMBER

6. DEZEMBER

FRATZE

Der Dezember ist einer meiner Lieblingsmonate. Die Stimmung auf dieser Welt verändert sich irgendwie zum Guten, weil es auf Weihnachten zugeht. Als ich 18 war, wollte ich nicht mehr Weihnachten feiern. Ich hatte mir in den Kopf gesetzt, dass erst die Nazis Weihnachten durch ihre Propaganda zu diesem großen Fest gemacht haben. Etwa so wie Coca Cola den Nikolaus gefeatured hat. Kurzerhand habe ich Weihnachten in das »Weiße-Rose-Fest« umbenannt, in Gedenken an die Widerstandskämpfer im Zweiten Weltkrieg. Jeden Advent mussten sich meine Mutter, meine Schwester und mein damaliger Freund kleine Vorträge zu dem Thema anhören. Meine Mutter & Freund fanden das recht amüsant, meine Schwester hingegen war hochgradig genervt. Im nachhinein finde ich, dass das eine meiner brillanteren Ideen war. Zwar mag ich Weihnachten, die Stimmung, den Geruch, den Zauber. Aber den könnte man ja auch beim »Weiße-Rose-Fest« beibehalten. Wenn es ohnehin nur noch um Geschenke geht und nicht mehr um den eigentlichen Sinn, könnte der Sinn ja sinniger gemacht werden. Ich muss mal darüber nachdenken.
Bis dahin. Frohen Nikolausi! Ohne Cola.

HUHN, KARTOFFELN & ROSENKOHL

FÜR 4 PERSONEN

Saft von ½ Zitrone
Abrieb von 1 Zitrone
3 Knoblauchzehen, geschält & zerdrückt
4 Zweige Rosmarin, gewaschen
4 Zweige Thymian, gewaschen
1 Huhn, ausgenommen, gewaschen & abgetupft
1 Zitrone, gewaschen & in Scheiben geschnitten
8 Knoblauchzehen, gewaschen & mit einem schweren Gegenstand draufgehauen
Olivenöl
Meersalz & frisch gemahlener Pfeffer

In einer kleinen Schüssel 6 EL Olivenöl, Zitronensaft, Zitronenabrieb und die zerdrückten Knoblauchzehen miteinander vermischen, salzen & pfeffern. Einen Zweig Rosmarin & einen Zweig Thymian »entblättern«, die Blätter/Nadeln klein hacken und zu der Marinade geben. Das Huhn in eine ofenfeste Form befördern, mit der Marinade außen und innen einreiben, die restlichen Rosmarin- & Thymian-Zweige und die Zitronenscheiben in das Huhn stopfen und die zerdepperten Knoblauchzehen mit in die Form geben. Im vorgeheizten Backofen bei 180 Grad etwa 1 Stunde knusprig backen. Alle 10–15 Minuten das Huhn mit der austretenden Flüssigkeit begießen, damit es schön saftig bleibt.

GARTEST BEIM HUHN: Mit einem Spieß in die dickste Stelle piksen. Wenn klare Flüssigkeit ausläuft, ist das Fleisch gar.

ROSENKOHL
500 g Rosenkohl, Strünke & äußere Blätter entfernt
Salz

Wasser mit etwas Salz zum Kochen bringen, den Rosenkohl hineingeben, die Hitze reduzieren und in ca. 8 Minuten bissfest kochen.

KARTOFFELN
500 g Kartoffeln, geschält & als Salzkartoffeln gekocht
Olivenöl zum Anbraten
Salz & frisch gemahlener Pfeffer

Die gekochten Kartoffeln in Spalten schneiden, eine Pfanne heiß werden lassen, Olivenöl hineingeben und die Kartoffeln darin rundum knusprig braten. Zum Schluss den gekochten Rosenkohl dazugeben und kurz weiterbraten, salzen & pfeffern. Huhn, Rosenkohl & Kartoffeln auf einer Platte anrichten und auf den Tisch stellen. Vor Publikum das Federvieh schlachten.

FRITZE & FRATZES TIPP: Dazu passen herrlich Preiselbeeren!

10. DEZEMBER

FRATZE
So, Freunde. Meine Oma Funny-Mensch war die allerbeste Plätzchen-Bäckerin auf
der Welt. Ein absolutes Highlight sind ihre schwedischen Bruna Bröd.
Es gibt allerdings ein Problem. Die Rezepte meiner Oma sind sehr anarchisch.
Die Mengenangaben sind mit »à la main« betitelt. Dass sie außerdem teilweise auf
Schwedisch abgefasst sind, ist ja dank Google translate kein Problem mehr. Durch
jahrelanges Nachbacken nähere ich mich langsam, aber sicher ihrem Ursprungsrezept
an. Auch wenn meine Mutter und Schwester immer wieder ausrufen:
»Mmmmhh. Gut. ABER NICHT WIE BEIM FUNNY.«

Bruna Bröd

FÜR CA. 30–40 KUGELN

200 g Butter
320 g Vollrohrzucker
700 g Mehl
1 Päckchen Backpulver
3 TL Zimt
15 **Kardamomkapseln**, Kapselhüllen entfernt & im Mörser zerstoßen
130 g gemahlene Mandeln
100 ml Milch
2 Eier
Hagelzucker

Butter und Vollrohrzucker miteinander »verbröseln«. Mehl & Backpulver
vermischen und mit Zimt & zerstoßenem Kardamom, gemahlenen Mandeln,
Milch und Eiern zu einem glatten Teig kneten. Den Teig in etwa 2 cm große
Kugeln formen, den Hagelzucker auf einen Teller geben und die Bruna-Bröd-
Kugeln »hineintunken«, die Kugeln etwas platt drücken und auf ein mit Backpapier
ausgelegtes Backblech befördern. Im vorgeheizten Ofen bei 200 Grad etwa 12
Minuten backen. Abkühlen lassen und mampfen!

12. DEZEMBER

FRATZE
Und weiter geht's mit der Weihnachtsbäckerei. ELISENSCHNITTEN by Funny-Mensch. Es gibt keine besseren.

FRITZE
Unsere Schuhschachtel verwandelt sich in eine Backstube. Fratze, die ja selbst eigentlich jedes Käsebrot einem Plätzchen vorzieht, wird manisch. Massenhaft schwedische Plätzchen, Stollen etc. werden bis tief in die Nacht in den Ofen geschoben. Dabei hört sie Weihnachtslieder rauf und runter und ist glücklich.

Elisenschnitten

FÜR 1 KLEINES BLECH *(ca. 30 Stück)*

SCHNITTEN
375 g Mehl
½ Packung Backpulver
100 g Butter
175 g Zucker
3 Eier
1 TL Zimt
1 TL ungesüßtes Kakaopulver
1 TL gemahlener Ingwer
5 **Kardamomkapseln**, Kapselhüllen entfernt & im Mörser zerstoßen

1 Messerspitze gemahlene Nelken
100 g Zitronat
100 g Orangeat
100 g Korinthen
200 g gemahlene Mandeln
125 ml Milch
Butter zum Ausstreichen der Form

Mehl mit dem Backpulver vermischen. In einer anderen Schüssel Butter, Zucker &
Eier mit dem Handrührgerät verrühren, Gewürze (Zimt, Kakao, gemahlenen
Ingwer, zerstoßenen Kardamom & gemahlene Nelken), Zitronat, Orangeat,
Korinthen und gemahlene Mandeln dazugeben. Abwechselnd Mehl-Backpulver-
Gemisch und die Milch beifügen. Den Teig auf ein mit Butter ausgestrichenes Back-
blech geben und ½ Stunde im vorgeheizten Ofen bei 180 Grad backen.

RUMGUSS
170 g Puderzucker
50 ml Rum (wir haben weißen Rum genommen, denn dann ist die Glasur schnee-
weiß, und das ist hübsch)

Puderzucker und Rum miteinander verrühren, sodass ein schöner Guss entsteht.
Die noch warme Riesen-Elisenschnitte damit bestreichen, abkühlen lassen und
schnell in rechteckige Stücke schneiden, bevor der Guss hart ist. Abkühlen lassen.
In eine Blechdose legen, damit sie schön durchziehen können. Schmecken sofort,
nach 1–2 Wochen entfalten sie aber erst ihr wahres Aroma. Sollten sie trocken
werden, einen Apfelschnitz mit in die Dose geben. Happy Adventszeit!

14. DEZEMBER

FRITZE

*Heute backe ich mal. Und zwar »ORIGINAL THÜRINGER STOLLEN« nach
Familientradition. Denn nicht etwa die Dresdner haben den Stollen erfunden.
NEIN! Die hatten nur die bessere PR. Der kommt aus meiner Geburtsstätte. Mit
telefonischem Support von meiner Mutter wurde der Stollen zu einem prächtigen
Stollenklops, der nun 2 Wochen ruht, bis er in unsere Schlünde wandert.
Übrigens: Fratze spricht momentan recht häufig davon, Weihnachten in das
»Weiße-Rose-Fest« umzuwandeln …*

Stollen à la Mama

FÜR 2 STOLLEN ODER EINEN BESONDERS FETTEN BRUDER

50 g Mandelstifte
200 g Rosinen
100 g Orangeat
100 g Zitronat
100 ml Rum
450 g Mehl
1 Päckchen Trockenhefe (in England gibt es nur Trockenhefe, frische Hefe tut es natürlich auch)
250 ml lauwarme Milch
3 EL Honig
1 TL Salz
100 g Mandelmehl
350 g Butter
Mark von 1 Vanilleschote
Abrieb von 1 Zitrone
100–200 g Puderzucker

Mandelstifte, Rosinen, Orangeat & Zitronat in eine Schüssel geben und mit dem Rum übergießen. Etwa 30 Minuten sollte das Gemisch sich vereinigen, besser ist länger. 200 g Mehl, Hefe, lauwarme Milch und Honig miteinander verrühren, 2 EL Mehl drüberstreuen und ca. 30 Minuten im Ofen bei 50 Grad gehen lassen. Hefe-Mehl-Gemisch, das verbleibende Mehl, Salz, Mandelmehl, 200 g Butter, Vanillemark, Zitronenabrieb und Trockenfrüchte-Mandel-Rumgemisch 5 Minuten mit den Händen kneten. Etwa eine Stunde, oder bis der Teig die doppelte Größe erreicht hat, im Ofen bei 50 Grad gehen lassen. Auf einer mit Mehl bestäubten Arbeitsfläche den Teig zu einem Rechteck ausrollen. *Wenn der Teig zu klebrig ist, mehr Mehl untermischen.* Der Teig wird von der längeren Seite aus aufgerollt. Die linke Seite leicht versetzt auf die rechte Seite schlagen, das heißt zum Beispiel links zwei Drittel einschlagen und rechts ein Drittel darüberschlagen. Ofen auf 200 Grad vorheizen und den Stollen 10 Minuten backen. Auf 180 Grad runterstellen und ca. 40–50 Minuten weiterbacken. Mit dem Holzspießtest schauen, ob der Stollen gar ist: Wenn noch Teig dranklebt weiterbacken, wenn kein Teig mehr dranklebt: raus damit!
Die restliche Butter in einem kleinen Topf bei mittlerer Hitze schmelzen lassen und über den noch heißen Stollen geben. Gleich darauf mit Puderzucker bestäuben. Abkühlen lassen und noch mal mit Puderzucker bestäuben.
Und dann: WARTEN – da der Stollen mindestens 2 Wochen lagern sollte, damit sich die Aromen optimal entfalten. Zum Lagern den Stollen in ein Tuch gewickelt in eine Blechdose oder Porzellanform geben und Apfelstücke dazulegen.
Bis zum 4. Advent, Stollenfreund!

18. DEZEMBER

FRITZE & FRATZE
Was wäre die Vorweihnachtszeit ohne Cocktails und Sausage Rolls? Richtig, keine
Vorweihnachtszeit! Das wäre ja wie Mai ohne Spargel.
Oder Fritze ohne Fratze. Oder ein Bad ohne Badewanne. Oder Wasser ohne Sprudel.
Oder ein Ameisenbär ohne Nase. Oder die Pfalz ohne Wein.
Oder ein Zebra ohne Streifen. Oder ein Fischladen ohne Tintenfisch.

GIN MIT GRANATAPFEL & THYMIAN

FÜR 4 MENSCHENKINDER

120 ml guter Gin
250 ml Granatapfelsaft
Saft von 1 Orange
250 ml Mineralwasser
Kerne von 1 Granatapfel (**FRITZE & FRATZES TIPP:** Granatapfel hälften und mit
einem Holzlöffel draufklopfen, dann purzeln die Kerne nach einer Weile ohne das
Weiße heraus.)
4 Zweige Rosmarin, gewaschen
Eiswürfel

Und nun wie folgt in den Gläsern mixen: Gin einfüllen, dann Granatapfelsaft
& Orangensaft dazugeben. *Das kann man entweder im Cocktailmixer shaken,
oder wie wir uncool mit dem Löffel verrühren.* Eiswürfel & Granatapfelkerne
dazugeben, mit Mineralwasser auffüllen und jeweils einen Rosmarinzweig in das
Glas geben. Huiuiui – wir steuern geradewegs auf eine erneute Januar-Detox-
Woche hin …

Sausage Rolls

FÜR 16 RÖLLCHEN

3 **große Schalotten**, geschält & in Ringe geschnitten
1 **EL Honig**
2 **EL Aceto Balsamico**
500 g **Bratwurstbrät**, aus der Haut gedrückt
10 **Salbeiblätter**, gewaschen & fein gehackt
3 **EL Semmelbrösel**
1x **Fertig-Blätterteig** (ca. 250 g), halbiert
1 **Ei**, verquirlt
Sesamsamen
Olivenöl zum Anbraten
(**Meersalz & frisch gemahlener Pfeffer**)

In einer Pfanne Olivenöl heiß werden lassen und die Schalotten darin glasig braten. Den Honig dazugeben, kurz danach mit dem Balsamicoessig ablöschen und weitere 2 Minuten braten. Die gebratenen Schalotten mit dem Bratwurstbrät, den Salbeiblättern und den Semmelbröseln in einer Schüssel gut vermischen. *Da die Bratwurstmasse meistens schon gut gewürzt ist, muss man eigentlich nicht mehr salzen & pfeffern.* Den Blätterteig längs in der Mitte teilen, damit zwei Rechtecke entstehen. Die Wurst-Schalottenmasse zu 2 Würsten formen (idealerweise so lang wie die Längsseite des Blätterteiges). Jeweils auf einen Rand der Längsseite eine »Wurst« legen, einrollen, den anderen Rand der Längsseite zum Verschließen mit Eigelb bestreichen und mit einer Gabel festdrücken. Die Oberseite der Rolle ebenfalls mit Ei bestreichen und mit Sesamsamen bestreuen. (Mit dem zweiten Blätterteigstück wiederholen.) Die beiden Rollen in jeweils ca. 2–3 cm große Stücke schneiden, auf ein mit Backpapier ausgelegtes Backblech legen und bei 180 Grad im vorgeheizten Ofen ca. 20 Minuten goldbraun backen.

24. DEZEMBER

Es ist ganz tragisch und traurig, aber wir nähern uns dem Ende des Buches. Ein Jahr ist eine lange Zeit, und das Schreiben dieses Kochbuchs hat unser Leben in den vergangenen 12 Monaten noch etwas prächtiger gemacht. Darum gibt es ein Finale mit Feuerwerk und Konfettiregen. Und zwar in Form eines Weihnachtsmenüs bzw. eines »Weiße-Rose-Fest-Menüs«. Die Rezepte stammen allesamt von Dodi und sind die Basis eines jeden unserer Weihnachtsessen. Es gibt meist noch Austern zum Aperitif und Käse aus Frankreich. Gefeiert wird in Brüssel mit Fratzes Schwester & Mann, unseren beiden Lieblingskindern, der französischen Familie unseres Schwagers und natürlich Dodi.

Wir wünschen euch ein wundervolles FEST, was auch immer ihr feiert, an was auch immer ihr glaubt, wo auch immer ihr seid, wer auch immer ihr seid und was auch immer ihr tut. Wir hoffen, ihr habt es warm und wohlig und seid umgeben von Liebe!

WE PROUDLY PRESENT DODI'S FESTMENÜ:

VORSPEISE

Mousse di tonno

FÜR 1 KLEINE FORM

Blatt-Gelatine für ½ Liter Flüssigkeit
2 Dosen Thunfisch (in Öl à 200 g)
Saft von 1,5–2 Zitronen
40 g Butter
1 EL Mehl
200 ml Sahne
Olivenöl zum Ausstreichen der Form
Salz & frisch gemahlener Pfeffer

DEKO
Kapern & Zitronenscheiben

Die Gelatine 5 Minuten in kaltem Wasser einweichen, auswringen, Wasser abgießen und mit ¼ Liter kochendem Wasser übergießen. *Kein Fehler: Gelatine für ½ Liter Flüssigkeit, aber nur ¼ Liter Flüssigkeit nehmen.* Abkühlen lassen.
Thunfisch aus dem Öl nehmen, passieren und pürieren. *Schon den Zitronensaft dazugeben, dann püriert es sich besser.*
Für die Béchamelsauce die Butter schmelzen, unter ständigem Rühren das Mehl hinzufügen, langsam die Sahne aufgießen und weiterrühren, damit sich keine Klümpchen bilden.

10 Minuten köcheln lassen, salzen & pfeffern und vom Herd nehmen. Béchamelsauce zu der Thunfischmasse geben und zu einer glatten Crème verrühren. Nach und nach mit einem Schöpflöffel die abgekühlte und leicht erstarrte Gelatine hinzugeben. Diese Masse muss sehr gut gesalzen & gepfeffert sein und zitronig schmecken – im erstarrten Zustand schmeckt sie dann wesentlich milder. Wieder gründlich verrühren, in eine mit Öl ausgestrichene Form geben und mindestens 6 Stunden lang, am besten aber über Nacht, in das oberste Fach des Kühlschranks stellen. Wer mag, kann die Mousse di Tonno nun auch aus der Form stürzen und Zitrone und Kapern zum Verzieren darauf drapieren. Guten Appetit!

FRITZE & FRATZES TIPP: Auf kleinen Toaststückchen mit einer Kaper drauf servieren!

Ossobuco mit Risotto Milanese

Freunde. Man merke sich: Kalbshaxenscheiben müssen vorbestellt werden. Wir haben es nicht vorbestellt und nach längerem Suchen immerhin Ochsenschwänze bekommen – auch sehr gut im Geschmack! Wir nennen es aber weiterhin OssoBuco – das ist hoffentlich in eurem Sinne!

FÜR 4 PERSONEN

3 EL Mehl
1 kg **Ochsenschwänze** (oder im Idealfall 4x 3–4 cm dicke Kalbshaxenscheiben), gewaschen & trocken getupft
1 **große Zwiebel**, geschält & gewürfelt
2 **Karotten**, geschält & gewürfelt
1 **Stange Staudensellerie**, gewaschen & gewürfelt
4 **Knoblauchzehen**, geschält & zerdrückt
Abrieb von 1 Zitrone
Abrieb von 1 Orange
1 EL **Majoranblättchen**, gewaschen & fein gehackt
5 **Blätter Salbei**, gewaschen & fein gehackt
2 **Lorbeerblätter**
200 ml **trockener Weißwein**
5 **kleine Tomaten**, gewaschen, Strünke entfernt & ein »X« eingeritzt
150 ml **Rinderbouillon oder Gemüsebouillon**
Saft von 1 Orange
1 EL **Crème fraîche**
½ **Bund glatte Petersilie**, gewaschen & fein gehackt
Olivenöl zum Anbraten
Meersalz & frisch gemahlener Pfeffer

Einen Teller mit Mehl befüllen und das Fleisch darin wenden. Einen Bräter oder einen gusseisernen Topf heiß werden lassen, Olivenöl hinzugeben und die Ochsenschwänze/Kalbshaxenscheiben von allen Seiten scharf anbraten. Die Zwiebeln, Karotten, Staudensellerie, Knoblauch, Zitronenabrieb, Orangenabrieb, Majoran, Salbei & Lorbeerblätter hinzugeben und goldbraun braten. Mit Weißwein ablöschen und so lange köcheln lassen, bis der Wein eingekocht ist. In der Zwischenzeit die Tomaten mit kochendem Wasser übergießen und schälen. In Würfel schneiden und in den Topf geben, ebenso die Bouillon und den Orangensaft. Zugedeckt 2 Stunden einkochen lassen. Deckel abnehmen und wiederum so lange einkochen, bis eine schöne Sauce entstanden ist. 2 EL Crème fraîche dazugeben und mit Salz & Pfeffer abschmecken. Zum Schluss mit Petersilie bestreuen.

RISOTTO MILANESE

1 **Zwiebel,** geschält & fein gewürfelt
2 **Knoblauchzehen,** geschält & zerdrückt
400 g **Risottoreis**
400 ml **trockener Weißwein**
1 l **Gemüsebouillon**
2 TL **Safranfäden,** im Mörser zerstoßen
70 g **Parmesan,** frisch gerieben
Olivenöl zum Anbraten
Meersalz & frisch gemahlener Pfeffer

Olivenöl in einer Pfanne erhitzen, Zwiebel & Knoblauch darin glasig braten,
Reis dazugeben und etwa 2 Minuten andünsten. Nach und nach Weißwein und
Gemüsebouillon in 100-ml-Schritten unter ständigem Rühren zum Reis geben,
einkochen lassen und wieder Flüssigkeit hinzufügen. Nach der Hälfte der Garzeit
den Safran zum Reis geben. Wenn die letzte Flüssigkeit verdampft ist, vom Herd
nehmen, den Parmesan unterrühren und mit den Ochslis oder idealerweise mit den
Kalbshaxenscheiben auf Tellern anrichten.
HOHOHO! Klingeling und Merry Merry!

DODIS OBSTSALAT

ANMERKUNG DODI: Das Geheimnis liegt darin, dass alles mikroskopisch klein geschnitten ist. Außerdem kann man ihn dank der gefrorenen Beeren einige Stunden vorher zubereiten. Er schmeckt sogar noch am nächsten Tag. Dazu passt ein gutes Vanilleeis oder auch Stollen.

FÜR 4 PERSONEN *als Nachtisch nach einem guten Menü*

2 Äpfel, gewaschen, Kerngehäuse entfernt & in feinste Stifte geschnitten
2 Orangen, geschält, filetiert & in feine Stücke geschnitten
1 Banane, geschält & fein gewürfelt
1 große Birne, gewaschen, Kerngehäuse entfernt & in feinste Stifte geschnitten
300 g gefrorene Beeren (Blaubeeren & Johannisbeeren sind das Optimale)
1 Handvoll Korinthen
20 Walnusskerne, grob gehackt
Saft von 1 Zitrone
1 EL Ahornsirup
Mark einer Vanilleschote
Optional: Minzblätter zum Verschönern

Alle Zutaten vorsichtig durchmischen, Minzblätter drüberstreuen und genießen!

DODIS TIPP: Einige Teelöffel Quittengelee, Preiselbeermus oder auch Orangenlikör dazugeben – sehr aromatisch!

FREILANDWARE GROSSES ANGEBOT:
Chicorée, Feldsalat, Grünkohl

FREILANDWARE GERINGES ANGEBOT:
Chinakohl, Endivie, Lauch, Rosenkohl, Wirsing

LAGERWARE:
Äpfel, Kartoffeln, Kürbis, Karotten, Pastinaken, Rote Bete, Rotkohl,
Schwarzwurzeln, Sellerieknollen, Weißkohl, Spitzkohl, Zwiebeln

Buchweizenpancakes mit Bacon & Ahornsirup

JANUAR

1. JANUAR

FRITZE

06:00 Uhr Konfetti im Haar, wer ist die Frau neben mir? Hui. Mein Kopf knallt. Wo bin ich? Wurde ich überfallen? ERDE AN FRITZE!

09:00 Uhr Immer noch Konfetti im Haar, zum Kopfweh hat sich jetzt noch Übelkeit dazugesellt. Aber die Frau neben mir erkenne ich nun. Es ist Fratze, mit der ich seit 9 Jahren zusammen bin und seit exakt 1 Jahr und einem Monat in London zusammenlebe.

12:00 Uhr Fratze ist inzwischen auch wach und verspürt dank Dauerschlafes keine Kater-Symptome. Dass ich sie nicht erkannt habe, sag ich mal nicht.

12:30 Uhr Ich rieche Kaffee, ich höre Geklapper. Das erste Bettfrühstück des neuen Jahres kann kommen.

13:00 Uhr Ich warte immer noch auf mein Bettfrühstück. Entweder schrotet Fratze das Mehl gerade noch selbst, oder die Nacht hat doch ihren Tribut gefordert.

13:14 Uhr Es ist da. Es ist köstlich. HAPPY NEW YEAR, friends!

BUCHWEIZENPANCAKES MIT BACON & AHORNSIRUP

FÜR 2 SEHR VERKATERTE, HUNGRIGE PERSONEN

PANCAKES
190 g Buchweizenmehl
2 TL Backpulver
1 Prise Salz
1 Ei
200 ml Milch
Pflanzenöl zum Anbraten

Buchweizenmehl, Backpulver & Salz gut miteinander vermischen und beiseitestellen. Ei & Milch mit einem Handrührgerät gut verrühren und nach und nach die Mehlmischung dazugeben, bis eine homogene Masse entstanden ist. Eine Pfanne heiß werden lassen, Pflanzenöl auf ein Küchenpapier geben und die Pfanne damit einfetten. Den Vorgang immer wiederholen, bevor man neue Pancakes brät.
Achtung: Die Wenig-Öl-Nummer kann man nur durchziehen, wenn man eine gute Teflonpfanne hat. Ansonsten einfach mit Öl braten.
Vier Esslöffel Teig in eine große Pfanne geben, macht vier wunderschöne, kleine Pancakes. Von jeder Seite 60–90 Sekunden braten. Da sie schnell anbrennen, die 90 Sekunden besser nicht überziehen. Vorgang wiederholen, bis der Teig aufgebraucht ist.

OBENDRAUF
6 Scheiben Bacon
Ahornsirup
Pflanzenöl zum Anbraten

Eine Pfanne heiß werden lassen, ganz wenig Pflanzenöl hineingeben, den Bacon darin von beiden Seiten kross braten und auf Küchenpapier abtropfen lassen.
Pancakes mit Bacon anrichten und mit Ahornsirup beträufeln.
Habt ein wundervolles neues Jahr …

… to be continued.

Solltet ihr uns vermissen, geht die Sause weiter auf unserem Blog:

DANKE MIT KONFETTIREGEN AN:

Dodi alias Karla König und Laura Chomel – die besten Lektorinnen & Ideengeberinnen weltweit.
Die Fritze-Eltern Monika und Werner Wenzl – die besten Unterstützer weltweit.
Nicolas, Lilly, Max, Daniel, Meike, Philipp, Maria, Marco, Nuria, Sarah, Bruno, Norina, Tobi, Katrin, Laurie, András, János, Jùlika, Inge, Peter, Marie, Helene, Jan, Cesy, Hans, Anja, Milo, Molly, Tolly, Ben, Luisa, Christoph, Pauly, Uschila, Peter, Vera, Julia, Marcus, Jule & Tutti Frutti und unsere Freunde von KPTN COOK.

EIN RIESENFETTES DANKESCHÖN MIT SAHNEHAUBE AN: ALNATURA für ihren prächtigen Saisonkalender!!!

www.alnatura.de

249

FRÜHSTÜCK

Amaranth-Porridge mit glasierten Äpfeln & Walnüssen 65
Bircher Müesli 69
Buchweizenpancakes mit Bacon & Ahornsirup 247
Brot mit Guacamole, Lachs & Rührei 10
Brot mit Pilzen & Trüffelöl 215
Brot mit Ziegenfrischkäse, Granatapfelkernen & Walnuss 39
Eier im Glas 166
Gruyère-Pancakes mit glasierten Äpfeln 156
Huevos Rancheros 184

KLEINE MAHLZEIT

Babyspinat, Spiegelei, Joghurt & Harissa 79
Brot mit Roquefort, Birnen & Walnüssen 189
Cocktailtomaten-Chutney 154
Die ultimativen Dumplings 27
Garnelen mit Aioli 61
Grüner Spargel mit Ei & Trüffelöl 98
Grünkohl mit Kernmix & Feta 19
Mousse di Tonno 236
Mutabal 95
Regenbogen-Sommerrollen & Erdnusssauce 115
Sausage Rolls 235
Tempura 200
Wassermelone mit Feta & Minze 118

HAUPTSPEISE

Aloo Gobi, Blumenkohl-Kartoffel-Curry 183
Artischocken & Oktopus 171
Blumenkohl & Co mit Salmoriglio-Sauce 152
Bulgur mit Lamm 80
Ceviche aus Jakobsmuscheln mit Kohlrabi-Kartoffelpüree 109
Cottage-Leek-Pie 54
Cremige Polenta mit Ofengemüse 66
Dal mit Spinat & Tomaten 83
Dodis Huhn mit Ofengemüse 132
Flammkuchen mit Chicorée, Serrano-Schinken & Gruyère 49
Flammkuchen mit grünem Spargel & Bärlauchsalsa 96
Frühlings-Pasta 105
Galette mit Tomaten, Senf & Rucola 179
Huhn, Kartoffeln & Rosenkohl 224

Ginger-Tofu-Stir-Fry 125
Grünes Fisch-Curry 119
Grüne Spargelquiche 116
Katrins Linsengericht 196
Khoresht Fesenjan 198
Linguine Frutti di Mare 186
Linsen mit Grünkohl & Co 22
Linsen-Moussaka 102
Mangold-Walnuss-Pasta 129
Mexican-Bowl 159
Muscheln in Pastis-Sauce 43
Ofengemüse mit Bulgur & Tahin-Zitronen-Sauce 34
Ofengeröstete Karotten, Rote Bete, Linsen & Karottengrün-Pesto 73
Ossobuco mit Risotto Milanese 239
Pancakes mit Tintenfisch & Kimchi 63
Pasta mit Chicorée, Pilzen, Schinken & Estragon 46
Pasta mit Kalmar, Tomaten & Salbei 15
Pasta mit Leber, Speck & Salbei 84
Pasta mit Linsenbolognese 101
Pasta mit Rucola-Pesto 76
Reisbandnudeln mit Rinderhack & Karottensalat 70
Schweinebauch mit grünem Spargel & Nudeln 86
Semmelknödel mit Pilzen 180
Slow-Cooked-Beef-Curry 143
Spaghetti Carbonara mit entblättertem Rosenkohl 216
Tajine mit Huhn, Oliven & Zitronen 112
Teriyaki-Lachs-Bowl 208
Wasserkresse mit Süßkartoffeln, Salbei & Stilton 210
Wirsingrouladen 24

Suppe

Die ultimative Rote Linsensuppe 12
Funnys Gemüsesuppe 40
Gazpacho aus gerösteten Tomaten & Paprika 137
Kürbissuppe mit Apfel à la Dodi 176
Pho Bo 195
Pho mit Tofu & Garnelen 89
Ribollita, toskanische Bohnensuppe 192

Salat

Glasnudelsalat mit Gurken & Garnelen 140
Grünster-Grün-Salat 160
Herbstsalat 204
Krautsalat mit Tahin-Zitronen-Sauce 219
Lauwarmer Linsensalat mit Leckereien 144
Obstsalat mit Tomaten, Mozzarella & Basilikum-Salsa 165
Salat mit Nektarinen & Mozzarella 148
Salat mit Rinderfilet, Kartoffeln & Radieschen 121
Salat mit Süßkartoffeln & Co 163
Seafood-Salad 175
Sommersalat mit Grünkern & Ofentomaten 147
Zucchini-Nudelsalat mit Spinat-Pesto 203

Süss

Banana-Bread mit Schokolade 212
Bruna Bröd 226
Chia-Pudding mit Passionsfrucht 220
Dodis Obstsalat 243
Easy-Peasy-Granola-Bars 21
Elisenschnitten 228
Fondant au Chocolat 90
New-York-Cheesecake mit kandierten Orangen 58
Pfälzer Käsekuchen à la Inge 135
Rhabarber-Tarte 106
Scones mit Rosinen & Orangen 44
Stollen à la Mama 231
Tarte Tatin à la Fratze für Fratze 16

Getränke

Feldsalat-Booster 52
Gin mit Granatapfel & Thymian 232
Kater-Saft 11
Super-Saft 20
Super-Smoothie 126

TSCHÜSS!